LE
COMTE DE WARRENS

13218

PARIS. — E. DE SOYE, IMPRIMEUR, 2, PLACE DU PANTHÉ

LES INVISIBLES DE PARIS

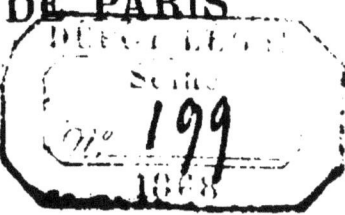

LE

COMTE DE WARRENS

PAR

GUSTAVE AIMARD

ET

HENRY CRISAFULLI

PARIS

AMYOT, ÉDITEUR, 8, RUE DE LA PAIX

MDCCCLXVII

Reproduction interdite. — Traduction réservée

LES INVISIBLES DE PARIS

LE COMTE DE WARRENS

I

Où Charbonneau veut faire oublier Coquillard.

La camériste rentra; son absence n'avait pas duré cinq minutes; un singulier personnage marchait dans son ombre.

Cet homme ou plutôt ce bonhomme, bien connu de nos lecteurs, n'était autre chose que l'âme damnée de M. Jules, l'honnête Coquillard, dit Charbonneau, dit... etc., etc.

Vêtu comme tout le monde, cette fois il n'attirait les regards ni par l'excentricité de sa mise trop voyante et de sa barbe trop touffue, ni par des airs de componction ou de trop grande simplicité.

Son enveloppe, essentiellement faubourg Saint-Martin, dissimulait autant que possible l'expression ordinaire de sa mine légèrement matoise, où se lisaient, à l'état de pure nature, l'astuce du Bas-Normand doublée de la sournoiserie du Bas-Breton.

Par ci, par là, un éclair animait ce visage aux apparences placides.

Mais Charbonneau grondait Coquillard de ce moment d'absence, et Coquillard, éteignant de plus belle le feu de son regard, souriant d'un air plus paterne, devenait deux fois plus honnête et plus bourgillon qu'avant sa faute.

En somme, malgré l'échec subi par lui chez le comte de Warrens, dans l'affaire des *Invisibles*, qui avaient dignement mérité leur nom en cette circonstance critique, l'agent de police en sous-ordre n'était pas un *argousin* ordinaire.

Il se présenta devant Mme de Casa-Real sans gaucherie, sans humilité, en homme qui connaît le terrain sur lequel il pose le pied.

Le propre des gens de basse police est de se trouver chez eux partout.

Il salua, et il attendit qu'on lui fît signe de parler ou de s'asseoir.

La créole, qui l'avait parfaitement entendu entrer, ne se donna pas la peine de changer de position.

Sans paraître le voir, elle avait laissé filtrer sous ses longs cils de velours un de ces regards perçants dont seules les femmes possèdent le secret, et qui en une seconde leur permettent de juger un individu et de le déshabiller moralement.

— Voici la personne que vous attendez, maîtresse, dit la camériste.

— Bien, chica, mets-toi là, sur ce coussin, à ta place habituelle.

Anita obéit.

La comtesse examina si la présence de ce tiers ne contrarierait pas l'agent de police.

Celui-ci ne sourcilla pas.

Il n'eut même pas l'air de s'apercevoir qu'à tout prendre la grande dame eût pu lui offrir l'extrémité d'un tabouret quelconque.

Mais en affaires Charbonneau avait pour principe de laisser sa dignité à la porte de tous les appartements où il mettait le pied.

— Vous vous nommez? fit Mme de Casa-Real du ton qu'elle eût employé envers le dernier de ses gens.

— Je me nomme ainsi qu'il plaira à madame la comtesse, répondit-il en saluant.

— Plaisantez-vous, monsieur?

— Nullement, madame la comtesse... Je veux dire que, dans notre profession, nous n'avons guère de nom, les prenant tous, au besoin.

— C'est une raison comme une autre, répliqua la créole, qui avait déjà pris ses plus grands airs pour montrer à son interlocuteur qu'elle n'entendait accepter de lui que des réponses succinctes et explicites. Cependant vous vous êtes présenté, vous vous êtes fait annoncer sous le nom de Charbonneau.

— Oui, madame la comtesse.

— Vous êtes un des agents secret de monsieur... de monsieur... aidez-moi donc un peu.

— De M. Jules. Est-ce de lui que madame la comtesse entend parler ?

— En effet.

— Alors il y a une petite erreur dans tout ceci, et je me permettrai de la rectifier.

— Une erreur ?

— M. Jules est bien une ancienne connaissance à moi un vieil ami...

— Eh bien ?

— Je possède toute sa confiance ; il n'a rien de caché pour moi... mais.

— N'est-ce pas lui qui vous a adressé à moi ? s'écria la créole avec un commencement d'inquiétude et en jetant un regard soupçonneux sur Anita, qui se tenait silencieuse à ses pieds.

Celle-ci soutint, sans broncher, l'interrogation menaçante de ce regard.

Elle comprenait mieux que sa maîtresse la nature de ce limier de bas étage.

Charbonneau n'était pas fâché de laisser sa hautaine cliente dans une sorte d'indécision qui ne pouvait être que pénible pour elle.

Il se moucha et repartit de sa voix la plus béate :

— Mon ami, M. Jules, m'a prié de me rendre auprès de madame la comtesse.

— Ah ! fit celle-ci en respirant plus à son aise.

— Et j'ai accepté ce mandat agréable, continua

l'agent de police avec un de ses saluts les plus aimables, les plus doucereux.

— Un mandat! dit Mme de Casa-Real étonnée; je ne vous comprends pas, monsieur.

— Quand je me sers du mot : mandat, c'est une manière de parler.

Elle haussa les épaules dédaigneusement en s'apercevant que maître Charbonneau cherchait tout clair et tout net à se donner une importance qui l'obligeât à le traiter de puissance à puissance, et elle reprit :

— Que M. Jules soit votre chef ou votre ami, peu importe! Je l'avais chargé d'une commission.

— D'une mission!... interrompit l'agent avec un sang-froid inaltérable.

Il fallait que le but vers lequel tendait Mme de Casa-Real, que le dessein pour la réussite duquel elle employait M. Jules et son administration fussent plus que graves pour lui faire supporter la présence, les interruptions et les rectifications de maître Charbonneau.

— D'une mission, soit. Avez-vous fait le nécessaire?

— Oui, madame la comtesse, j'ai tout mis en œuvre.

— Et...

— Et j'ai fait le nécessaire, le possible et l'impossible.

— Quelle brute! pensa la créole en écoutant,

sans même avoir envie d'en rire, le pathos important de l'agent de M. Jules.

— Alors vous avez réussi? ajouta-t-elle.
— De point en point.
— Vous avez trouvé...
— L'homme que cherche madame la comtesse.
— Si cela est, fit celle-ci avec une joie qui éclata malgré tous ses efforts, si cela est, je vous récompenserai au delà de vos fatigues... Mais... voyons... quels sont vos renseignements?
— Courts, exacts et précis, répondit Charbonneau avec un noble orgueil.
— Parlez! parlez!
— Je ne le cacherai pas, ces démarches m'ont coûté bien des marches et des contre-marches.
— Oui... oui...
— Il n'est pas si facile qu'on le pense, quand on n'est pas de la partie, de trouver dans Paris...
— Un homme qui se cache? fit impatiemment la créole.
— Eh! non, madame la comtesse, un homme qui ne se cache pas le moins du monde, répliqua l'agent de police en souriant ironiquement et sans se gêner, pour montrer la satisfaction que lui causait l'innocence de sa cliente.
— Comment?
— Il n'y a que les imbéciles qui se sauvent dans un désert ou qui se fourrent au fond d'un puits; les malins marchent au grand soleil et s'implantent

au beau milieu de la foule, en pleines masses, en pleine vie active. Ceux-là ne trouvent pas souvent leurs maîtres.

— Enfin quelque habile qu'ait été, que soit ce...

— Ce Passe-Partout, dit M. Charbonneau, voyant que la comtesse attendait ce nom pour achever sa phrase.

— Oui, ce Passe-Partout... quelque grande que soit son adresse, vous avez trouvé moyen de mettre la main sur lui ?

— Notre administration pouvait seule venir à bout d'une pareille tâche.

— Je le reconnais... Après ?

— Madame la comtesse ne pouvait espérer un prompt succès qu'en s'adressant à elle.

— Oui ! oui ! j'en conviens, faisait la créole, qui aurait ordonné de jeter M. Charbonneau à la porte, s'il ne lui avait pas paru si nécessaire à l'accomplissement de ses projets mystérieux.

— Mais, quel que soit le prix demandé par M. Jules, quelle que soit la somme que tout cela coûte à madame la comtesse, continua de sa plus belle lenteur le séide de M. Jules, furieux de n'avoir pas été invité à s'asseoir, madame la comtesse en aura pour son argent.

Un peu plus il allait ajouter :

— Et pour son impolitesse.

Mais il eut le bon goût de ne prononcer ce dernier membre de phrase qu'à part lui, *in petto*.

— Dites, dites tout ce que vous savez sur cet homme.

— Par où madame la comtesse désire-t-elle que je commence? fit-il toujours imperturbablement.

— Quel est son pays?

— On le croit belge.

— Après?

— Né à Mons.

— Etes-vous sûr de cela?

— J'ai eu l'honneur de spécifier à madame la comtesse que mon rapport porte : On le croit né à Mons.

— Je ne le crois pas, moi.

— On a pourtant lu son acte de naissance.

— Continuez.

Et comme la quarteronne se permettait de rire entre ses dents et de changer de position, sa maîtresse, digne émule de ces dames romaines qui lardaient de coups d'épingle leurs esclaves maladroites, sa maîtresse lui ferma la bouche d'un soufflet virilement appliqué.

— Continuez, répéta-t-elle.

M. Charbonneau se recula instinctivement d'un pas, pour mettre une distance respectable entre son auguste faciès et cette main si petite et si leste.

— A la suite de quelques fredaines, bien excusables dans un si jeune garçon, Passe-Partout quitta son pays pour s'embarquer.

— Allez, allez! Je vous écoute.

— Il s'embarqua sur un bateau qui faisait la pêche aux harengs dans les mers du Nord.

— Jusqu'à présent, objecta Mme de Casa-Real, je ne vois rien dans tout cela...

Charbonneau, blessé dans son amour-propre, ne lui laissa pas achever son observation sardonique :

— Après avoir parcouru toutes les mers et tous les océans connus en qualité de mousse, de novice, de matelot, de quartier-maître, etc., il se lia, à bord d'un navire dont le nom m'échappe, avec un mauvais drôle qui ne vaut pas mieux que lui...

— Et qui se nomme la Cigale ?

— Madame la comtesse l'a dit... fit l'agent de police en prenant sa physionomie la moins étonnée, preuve qu'il devait être légèrement stupéfait. Mais pardon, ajouta-t-il, si madame la comtesse est au fait de tout ce que je croyais lui apprendre, il est parfaitement inutile que je l'importune plus longtemps.

— Ce la Cigale et Passe-Partout sont liés? reprit la créole sans répondre à la parenthèse de l'agent.

— Comme les deux doigts de ma main. Je veux parler de mon index et de mon médium.

— Se quittent-ils souvent ?

— Oui, mais ils se retrouvent toujours.

— Qu'est-ce que c'est que ce la Cigale ?

— Une manière de géant qu'on pourrait montrer dans un café-chantant, fort comme un taureau et méchant comme un âne rouge ! répondit vivement

M. Charbonneau, qui avait encore sur le cœur la dégringolade de Coquillard dans l'escalier de la Pacline.

— Vous avez déjà eu maille à partir avec lui, monsieur Charbonneau ? demanda innocemment la comtesse.

— Non pas.

— Vous êtes sûr de ?...

— Que la foudre m'écrase, madame la comtesse, si cet hercule raté à jamais eu affaire à M. Charbonneau.

En cela, l'agent de police ne mentait pas.

Le débardeur n'avait jamais eu l'occasion de se rencontrer avec lui que quand il portait le nom et les vêtements de l'agréable Coquillard.

— Est-il à Paris ? demanda la jeune femme.

— Qui, la Cigale ?

— Non, Passe-Partout.

— Certes, oui.

— Depuis quand ?

— Depuis trois mois.

— Que fait-il ?

— Il débarde sur les ports en compagnie de son inséparable.

— Débarder, qu'est cela ?

— Débarder, répliqua l'agent de police avec une condescendance pleine de supériorité, c'est défaire les trains de bois qui descendent la Seine, et ranger les bûches de toutes tailles sur le quai.

— Et vous pensez que Passe-Partout exerce réellement ce métier ?

— Je l'ai vu à l'ouvrage.

— Vous l'avez vu, de vos yeux...

— *Je l'ai vu, dis-je, vu, ce qui s'appelle vu*, répondit effrontément l'agent de M. Jules, qui ne manquait pas d'une certaine littérature, ayant failli devenir sous-chef de claque à l'Odéon, mais qui mentait comme un Scapin de bas étage, n'ayant rien vu du tout.

Mme de Casa-Real se contenta de cette assertion. Elle continua à le questionner.

— Vous connaissez sa demeure ?

— Parfaitement.

— Donnez-moi son adresse.

— Rue d'Astorg, n° 35.

— Bien. Il loge seul ?

— Il loge dans une soupente, que son ami et matelot, le généreux la Cigale, partage avec lui.

— Vous êtes certain de ces renseignements ? demanda la créole, qui, tout en sentant que son interlocuteur se vantait de tout savoir, indûment, reconnaissait que de temps à autre il était dans le vrai.

— On ne peut plus certain, madame la comtesse.

— De qui les tenez-vous ?

— Du concierge de ladite maison, rue d'Astorg, le père Pinson, un vieux brave du temps de l'autre, à qui je fais l'honneur de tailler une petite bavette quand l'occasion s'en présente.

— Et vous croyez que ce concierge ne se ferait pas un jeu de vous tromper ?

— Il s'en ferait un scrupule. Je lui offre des gâteaux pour son chien, une superbe bête, ma foi... Il me les refuse, comme je les lui offre, du meilleur cœur ; je l'interroge sans en avoir l'air, il me répond sans se douter que je lui tire les vers du nez, et voilà comment je suis à même de raconter tout cela à madame la comtesse.

— Rue d'Astorg, n° 35, répéta la créole en écrivant le nom de la rue et le numéro sur un carnet que lui tendit silencieusement Anita la quarteronne.

— C'est bien cela.

Ses notes prises, elle ajouta :

— Venons-en à présent aux derniers ordres que j'ai donnés à M. Jules, votre chef.

— Mon ami, madame la comtesse ! répéta Charbonneau. Je croyais déjà avoir eu l'honneur de...

Anita se remit à rire, malgré tous les efforts qu'elle faisait pour garder son sérieux.

Mais cette fois sa maîtresse ne la rappela point à l'ordre.

Elle réfléchissait.

— Je n'ai plus qu'une question à vous adresser.

— J'attends.

— Si vous y répondez d'une façon satisfaisante, ces quinze louis sont à vous.

Elle se pencha vers sa camériste, lui prit des mains une aumônière que celle-ci lui tendait, y puisa une poignée d'or et la fit étinceler devant les yeux de l'agent de police.

Celui-ci, qui depuis la correction administrée à la quarteronne par sa douce maîtresse n'avait pas bougé d'une semelle, fit un pas en avant, et, s'inclinant de son mieux, dit :

— J'attends avec confiance la question de madame la comtesse.

— Écoutez-moi bien.

— Je suis tout oreilles.

— Cela se voit un peu, fit en riant de son rire jeune Mme de Casa-Real, qui par moments redevenait la *Hermosa* du passé, l'enfant gâtée, habituée à ne rien prendre au sérieux dans l'existence.

— Madame la comtesse est trop bonne, répondit Charbonneau, que la vue de l'or grisait ; mais, dans notre dangereuse profession, bien heureux sont ceux qui possèdent des oreilles de la taille des miennes, et des yeux grands comme ceux de madame la comtesse.

— Vous aurez vingt-cinq louis ! s'écria vivement la comtesse ; mais, de par tous les saints du paradis, si vous vous avisez de me faire l'ombre d'un compliment, je vous chasse sans vous rien plus demander qu'à ma perruche favorite !

Charbonneau, honteux et confus comme l'âne

de a able éconduit pour avoir voulu prendre les manières et les mines d'un king-charles, baissa la tête et attendit en silence.

— Bien. Voilà comme je vous veux, reprit doña Hermosa. J'arrive à ma question. En supposant que l'un de ces jours, aujourd'hui, ce soir même, de huit à dix heures, une personne que je n'ai pas besoin de vous faire connaître désirât parler à ce Passe-Partout...

L'agent sourit.

Ce sourire était superflu.

La comtesse s'arrêta, puis sur un geste suppliant, sur un geste d'excuse de son auditeur, elle reprit :

— En supposant cela, où faudrait-il qu'elle se rendît pour le rencontrer? Répondez, monsieur, répondez.

— Voilà qui est la chose la plus facile du monde, s'écria joyeusement le mouchard interlope.

— Voyons !

— La récompense tient toujours ?

— Autant que vous tenez à elle, mons Charbonneau. Je n'ai pas l'habitude de marchander les services qu'on me rend.

— Ce soir, dit-il, à neuf heures très-précises, ce bon, ce cher, cet excellent Passe-Partout se rendra rue d'Angoulême-du-Temple.

La créole écrivait et notait les noms et les adresses contenues dans la réponse de Charbonneau.

— Chez qui? demanda-t-elle avec anxiété.

— Chez un brave marchand de vins traiteur, à l'enseigne du *Lapin courageux.*

— Qu'y va-t-il y faire?

— Je l'ignore. Mais il y soupera et il n'en sortira pas avant dix heures.

— Vous répondez de tout ce que vous avancez là?

— J'en réponds, madame la comtesse.

— Prenez et partez. Si j'ai besoin de vous, je vous ferai prévenir.

L'agent de police prit les vingt-cinq louis que Mme de Casa-Real laissa tomber dans sa main tendue, et courbant sa longue échine jusqu'à terre, il suivit Anita, la camériste, qui lui montra le chemin, sur un signe de sa maîtresse.

Une fois seule, doña Hermosa parcourut rapidement toutes les notes inscrites sur son carnet, et murmurant :

— Ah! mon beau Noël! prenez garde! Il me semble bien que je tiens enfin l'un des secrets de ce mystérieux comte de Warrens!

Elle passa de son salon dans sa chambre à coucher.

II

De Charybde en Scylla

L'ex-petite maison devenue l'hôtel de la comtesse Hermosa de Casa-Real se ressentait encore de son ancienne et peu scrupuleuse origine.

Elle était double, ou plutôt triple.

Outre le petit corps de logis dont nous avons dépeint les festons et les astragales, malgré les préceptes du docte Boileau, il y avait à droite et à gauche de ce corps de logis deux pavillons parallèles, l'un destiné aux serviteurs de la comtesse, l'autre à ses chevaux.

A gauche, les communs.

A droite, les écuries.

Ces deux pavillons, qui, en apparence, n'étaient reliés en aucune façon à l'habitation de Mme de Casa-Real, y attenaient cependant par une profusion de corridors souterrains, de portes dérobées et de passages secrets.

Un étranger eût pu se promener tout à son aise du pavillon de droite au corps de logis principal, et de ce corps de logis au pavillon de gauche, sans se douter qu'il marchait sur des communications merveilleusement établies.

Ainsi, dans le jardin et sous le jardin, labyrinthes sur labyrinthes.

Impossible, pour peu que le caprice en passât par l'esprit de la maîtresse de ce séjour curieux, de se trouver, de se rencontrer, de se douter même qu'il y eût âme qui vive dans ce dédale regorgeant parfois d'invités et de serviteurs.

Quelques-uns de nos lecteurs s'étonneront de ce que, sans le moindre scrupule, en plein dix-neuvième siècle, au beau milieu de Paris, nous ne mettions sous leurs yeux que des demeures bâties en dehors de toutes les habitudes parisiennes, vieux restes d'un monde décrépit et tombé.

A cela, nous trouverions bien des réponses à faire.

Nous nous contenterons des deux plus concluantes.

La première :

Que, prenant pour héros de notre action principale des personnages en dehors des lois ordinaires de l'existence, il nous faut, sous peine de fausser toute couleur locale, leur donner un cadre à leur taille, digne de leurs allures excentriques.

La seconde :

Que, nos lecteurs connaissant tout aussi bien, sinon mieux que nous, les bâtisses, les maisons et les appartements d'aujourd'hui, il nous serait parfaitement inutile de leur détailler ces mêmes bâtisses et ces mêmes appartements.

A tout prendre, quoique nos jeunes vieillards qui composent le *tout Paris* des courses, des régates, des premières représentations, du sport, du turf et du théâtre, aient décidé dans leur profonde sagesse et dans leur sublime ignorance, que Charlemagne n'avait jamais existé, que Louis XIII était monté sur le trône de France pour satisfaire les marchands de bric-à-brac ; quoique d'accord avec les philosophes du siècle passé et avec les pédants historiques du siècle présent, ils refusent toute grandeur au règne du roi-soleil, et toute élégance au règne de Louis XV, son successeur, nous ne reculerons jamais, dans le cours de nos récits, devant une étude sérieuse de tous les débris du passé.

Cela dit, par acquit de conscience, nous fermerons notre parenthèse, en demandant pardon à nos lecteurs de cette courte digression, et nous retournerons à notre mouton.

Le mouton en question n'est autre que le sieur Coquillard-Charbonneau.

Sur l'ordre, et après le congé que lui avait donné la comtesse de Casa-Real, notre homme avait suivi la jeune cámeriste.

Ainsi qu'il est du devoir de tout agent de police intelligent, tout en se laissant guider par elle, il sondait du regard les murs et les cloisons; il cherchait à prendre et à marquer des points de repère.

Il eût beaucoup donné d'une inspiration qui, le cas échéant, lui aurait permis de se reconnaître comme le petit Poucet de la fable, et de dire : Je suis passé par là.

Mais, hélas! vain espoir!

Toute sa bonne volonté, toute son attention se virent mises en déroute par la tactique naïve de la quarteronne.

Obéissant sans doute aux recommandations de sa maîtresse, Anita l'avait tant fait monter, descendre, tourner à droite, tourner à gauche, marcher droit devant lui, revenir sur ses pas, qu'à son grand regret et par suite de son excessive fatigue, il fut contraint à baisser pavillon.

La quarteronne, qui n'avait pu conserver son sang-froid, tant que Mme de Casa-Real agençait ses affaires elle-même pour son propre compte, venait de s'appliquer un masque impénétrable de simplicité et de candeur.

Charbonneau sentait vaguement qu'il ne devait pas se considérer comme étant le maître de la situation.

— Bigre! murmura-t-il à part lui, tenons-nous bien... Jouons serré, si nous ne voulons pas recommencer l'impair de l'hôtel de Warrens. Je me trouve accroché à des gens très-forts. Les malins! Comme c'est agencé! Ma parole sacrée, cette boutique-là est mieux machinée que le troisième dessous du Cirque-Olympique.

Le Cirque-Olympique était, parmi tous les théâtres qui ornaient et peuplaient le *boulevard du Crime,* le théâtre de prédilection de M. Charbonneau.

Il eût donné dix représentations du *Tartufe* ou des *Femmes savantes* pour *Murat* ou les *Pilules du Diable.*

Et il avait le courage de son opinion.

Il l'avouait franchement, à tout bout de champ.

Son aparté terminé, il pensa à nouer connaissance avec la soubrette exotique.

C'était une manière adroite de se créer des intelligences dans la maison.

Sachant par une longue expérience qu'on ne prend guère de mouches avec du vinaigre, il étouffa les mouvements d'impatience ou de colère qui lui venaient aux lèvres.

Employant toutes les séductions de sa voix la plus doucereuse et la plus pateline.

— Ma chère enfant! dit-il à sa conductrice.

Celle-ci marcha toujours, sans avoir l'air d'entendre.

— Ma chère demoiselle...

Même jeu de la part de la quarteronne.

Voyant que ses notes les plus harmonieuses n'arrivaient ni au cœur ni aux oreilles de cette mangeuse de bananes, l'agent de M. Jules s'avança rapidement vers elle, la rejoignit et lui saisit la main.

Anita s'arrêta.

— Mademoiselle, j'aurais deux mots à vous dire avant d'aller plus loin.

Elle eut l'air de prêter la plus grande attention à ses paroles.

Il continua.

— Vous devez vous trouver très-heureuse ici ?

Pas de réponse.

— La maison me paraît très-cossue. La souveraine de l'endroit ne regarde ni au cuivre ni à l'or, et pour peu que les intrigues ne chôment pas, vous...

La quarteronne commença par retirer sa main, que pressait amoureusement l'aimable Charbonneau.

Puis, fixant sur lui ses yeux espiègles, dont elle cherchait à amortir la petillante malice, elle lui répondit tranquillement :

— *No entiendo lo que me hace Ud el honor de decirme*, *caballero*.

— Hein? de quoi? demanda l'autre.

La jeune fille répéta sa phrase espagnole.

Seulement, cette fois, elle ne parvint pas à dissimuler une pointe de raillerie involontaire.

Coquillard-Charbonneau la regarda avec admiration, et se frappant le front de son poing fermé :

— Nom d'un tonneau! s'écria-t-il, je ne m'en dédis pas : ils sont plus forts que nature. Quelle diable de langue chante-t-elle donc là?

— *Baya pues,* reprit Anita, *se quiere Ud quiedar aqui?*

Et elle lui faisait signe de se remettre en marche et de la suivre.

— Bon! voilà qu'elle recommence! Heureusement que les gestes s'y mêlent; sans ça, le diable pourrait me brûler sans que j'y comprisse un mot!

Anita réitérait sa mimique.

— J'y suis : nous sommes pressés, et nous voulons mettre *papa* à la porte le plus tôt possible. Pauvre petite! si jeune! si jolie! et ne pas savoir le français! Il y a des parents qui sont bien coupables!

Cela fut dit avec tant de componction, qu'à son corps défendant la soubrette éclata d'un rire perlé.

Charbonneau la regarda avec étonnement.

Ne voulant pas que cet étonnement pût dégénérer en soupçon, Anita se remit en route.

Il suivit, assez décontenancé.

Charbonneau soupçonnait bien que la jeune fille se moquait de lui dans une langue étrangère; mais c'était un philosophe de ressource, que

M. Charbonneau, et il ne se regardait jamais comme insulté, dès qu'on ne l'insultait pas en bon français.

— C'est égal, pensait-il, je ne suis pas fâché de la campagne que je viens de faire. Si on sait s'y prendre, il y aura gras. L'enfant se présente bien.

Tout en réfléchissant, il marchait.

Tant et si bien que, sans s'en apercevoir, il se trouva devant un mur qui se dressait à dix pieds au-dessus de sa tête.

Il allait interroger de nouveau la quarteronne, sans songer à son ignorance de la langue française, quand le mur s'ouvrit, la soubrette lui montra la baie qui devait lui livrer passage, lui adressa son plus gracieux sourire, et le saluant comme pour lui dire adieu, elle lui fit de la main un geste qui signifiait clairement : Au revoir, mon bel ami.

Il passa machinalement à travers la baie.

La muraille se referma.

Et comme il considérait, en proie à un véritable hébêtement, cette muraille mouvante et si sa brune Ariane n'était pour rien dans la locomotion de ces moëllons superposés les uns aux autres, un timbre argentin et railleur retentit à son oreille.

Il écouta.

Anita lui criait, sans le plus léger accent étranger :

— Bonsoir, monsieur Charbonneau.

L'écho répéta :

— Bonneau.

Et ce fut tout.

— Satanée négrillonne ! fit l'agent de police. Elle m'a mis dedans ! c'est-à-dire non, elle m'a mis dehors, reprit-il après un temps ; ah çà, où suis-je ? Où m'a-t-elle mené ?

La nuit tombait.

Les rues commençaient à devenir noires comme la nuit.

Il s'orienta.

Mais, tout convaincu qu'il fût de sa déconvenue momentanée, le fin limier ne renonça point à retrouver sa piste.

Il se garda bien de faire un pas, un mouvement même, de peur de perdre le fil de ses recherches.

— Bon ! reprit-il au bout d'un instant, j'entrevois les Champs-Élysées... C'est déjà quelque chose que la certitude de ne pas avoir ma retraite coupée. Faute de mieux, avant de tirer mes grègues, je m'en vais bien fixer dans ma mémoire la position de la porte, de l'ouverture par laquelle je suis sorti. Tôt ou tard ce renseignement-là peut servir.

Il s'y prit de son mieux.

Mais ce fut peine perdue.

Il eut beau équarquiller les yeux, chercher une fente, tâter et sonder la muraille, rien ! il ne trouva absolument rien !

Chaque pierre était à sa place.

Pas l'ombre de porte ni de fenêtre.

Le mur se prolongeait sans solution de continuité sur une longueur de soixante à quatre-vingts mètres.

— Ah! celle-là est plus forte que tout le reste! s'écria M. Charbonneau en frappant du pied avec rage. Pas une lucarne! pas un trou de souris! Je suis pourtant bien sûr de ne pas avoir passé par-dessus les tessons de bouteille qui garnissent ce chien de mur! — Sacré bicoque! va! — Je ne saurai rien! c'était écrit! Bast! après tout, ma mission est remplie. Je ne suis pas volé, puisque j'ai mes cinq cents francs dans ma poche... En route!... L'affaire n'est déjà pas si mauvaise qu'elle en a l'air.

Son parti pris, notre homme allait allonger le pas du côté des Champs-Élysées, quand une main, lourde comme un poids de cent livres, tomba sur son épaule et le cloua sur place.

Presque en même temps, une voix basse et ironique lui murmurait à l'oreille :

— L'affaire peut devenir meilleure que vous ne le croyez, mon maître.

— Hein? s'écria Charbonneau, qui fut sur le point d'appeler au secours.

Mais la main quitta son épaule et, lui comprimant la bouche, en guise de bâillon, le força au silence le plus absolu.

— Ne tremblez pas, continua la voix. On ne vous fera aucun mal... On vous donne pour certain que l'affaire en question sera meilleure, si vous savez vous y prendre.

L'agent de police, qui n'avait plus que la liberté du bonnet, opina de ce même bonnet et fit un signe d'acquiescement.

Quoique cet acquiescement ne fût pas volontaire, son interlocuteur inattendu retira sa main et le laissa libre de respirer, de parler et d'agir.

Coquillard n'était ni un enfant ni un timide.

Il avait fait ses preuves depuis longues années.

Cette façon d'entrer en matière, *cette entrée de jeu* ne laissa pas que de le désarçonner complétement.

Après un effort violent, il parvint à retrouver le beau sang-froid inhérent à sa nature et à son habitude des rencontres risquées.

Son aplomb reconquis, il se mit à examiner le nouveau-venu des pieds à la tête.

L'examen n'avait rien de bien rassurant.

Et l'immobilité imperturbable avec laquelle cet examen fut subi, prouvait, clair comme le jour, que si d'un côté il existait une appréhension assez juste, de l'autre il y avait un calme souverain, une force ayant conscience d'elle-même.

En somme, le singulier interlocuteur de l'agent de police, enveloppé, comme dans un suaire, d'un long manteau gris de fer, portait sur la tête un feutre aux larges ailes, posé si artistiquement, qu'il était impossible d'apercevoir l'extrémité de son menton.

D'une taille peu élevée, mais appuyé sur deux jambes solides comme des piliers de maçonnerie, l'inconnu laissa Charbonneau contenter sa prudente curiosité.

Puis, quand il crut lui avoir accordé le temps nécessaire à cette petite opération mentale.

— Eh bien! compagnon, fit-il lentement, vous ne direz pas que je manque de complaisance? Voilà assez longtemps que je vous laisse prendre ma mesure. Vous devez me connaître par cœur.

Cela fut prononcé sur un ton moitié sérieux, moitié plaisant.

Charbonneau, remis de son alarme première, chercha à tourner la chose en vraie plaisanterie.

De la sorte, il pensait avoir bon marché de son antagoniste.

Il lui répondit le plus gaiement possible :

— Comment donc, mon bon Monsieur, si je vous connais... mais je ne vous connais pas le moins du monde.

— Ah! vous m'étonnez, dit avec une légère ironie l'homme au long manteau.

— Parce que?

— Parce que, dans votre état — vous remarquerez que je suis poli — on doit connaître tout le monde.

— Ne confondons pas! répliqua assez spirituellement l'agent de police, reconnaître oui, connaître non. Or, comme je ne vous ai jamais vu, mon bon ami...

— Je ne suis pas familier avec vous, maître Charbonneau; veuillez bien prendre la peine de mettre des gants pour me tendre la main.

— Là! là! on en mettra. Ne nous fâchons pas.

— Vous avez raison.

— La matière dont notre présentation s'est faite me le prouve assez.

— Soyez convaincu que mon intention n'était nullement de vous blesser.

— Je n'en doute pas, mais toujours est-il que vous pourriez bien m'apprendre à qui j'ai affaire.

— Vous ne raisonnez pas juste, camarade. Si je porte bas la tête et haut mon manteau, c'est que je tiens à ne pas me laisser voir par un œil aussi clairvoyant que le vôtre.

— Merci bien.

— Si je ne tiens pas à ce que vous voyez mon visage, c'est que je ne désire pas vous apprendre avec qui vous allez traiter.

— Nous traitons donc? fit vivement Charbonneau, qui flairait une bonne aubaine.

— Croyez-vous que je vous arrête en plein Champs-Elysées pour causer avec vous de la question d'Orient?

— Je ne crois rien du tout; je me consulte.

— Sur quoi?

— J'entrevois dans votre démarche, essentiellement en dehors des us et coutumes, des propositions...

— Avantageuses.

— Avantageuses peut-être, subreptices à coup sûr, repartit majestueusement l'agent de police.

— Subreptices ?

— J'ai dit le mot.

— Je l'ai bien entendu, et comme rien ne me presse, que nul ne vient de ce côté, pour peu qu'il vous convienne d'en employer une demi-douzaine de cette force-là, je vous en donne l'autorisation.

— C'est gentil à vous. Je profiterai de la permission.

— Pour ?...

— Pour vous avouer que ma conscience d'honnête homme se révolte.

— C'est encore plus grotesque que ce que vous venez de dire, ce que vous dites-là, ricana l'homme au manteau gris de fer.

— Ma conscience se révolte, voilà ! répéta l'agent de police.

— Ah ! vous supprimez *honnête homme,* c'est quelque chose. Nous finirons par nous entendre.

— Dieu le veuille !

— Il le voudra, monsieur Charbonneau. Vous êtes susceptible et plein de scrupules, je me plais à le reconnaître.

— C'est me rendre justice.

— Cependant ces scrupules ne vont pas jusqu'à vous empêcher de recevoir vingt-cinq louis...

— Tiens ! vous savez ça ?

— Pour prix des services que vous ne rendez pas.

— Hein ?

— Je sais cela aussi, mon camarade.

— Mais, grommela Charbonneau, qui fut sur le point de se rébellionner.

— Calmez-vous... Je n'ignore pas que vous quittez la comtesse de Casa-Real.

— Eh bien ! après ?

— Je sais pour quelles raisons elles vous a mandé auprès d'elle.

— Alors, qu'est-ce que vous demandez ? dit brusquement l'agent.

— Je vous demande ce que j'ignore.

— Quoi ?

— Ce que vous a dit Mme la comtesse dans l'entretien qu'elle vient d'avoir avec vous.

— Que cela ! répliqua railleusement Charbonneau.

— Et ce que vous lui avez répondu.

— Bon ! Et c'est pour cette raison que vous me faites geler dans cette ruelle ?

— Oui.

— Bien le bonsoir, monsieur, portez-vous bien !

Et le bonhomme Charbonneau, tournant gracieusement et vite sur ses talons, allait brûler la politesse à sa nouvelle et indiscrète connaissance.

Mais celle-ci ne se le tint pas pour dit.

Rejetant son manteau sur son épaule, l'inconnu étendit la main gauche, saisit le pauvre diable à la cravate, donna un tour de poignet qui fit presque sortir de leurs orbites les yeux de Charbonneau, et lui appliqua de la main droite, sur la tempe, la gueule béante d'un pistolet tout armé.

— Lâchez-moi ! criait le malheureux, sur le point de tomber suffoqué, et soutenu seulement par la poigne vigoureuse de son adversaire.

— Écoutez ceci !... lui répliqua immédiatement l'inconnu, ou je vais vous faire sauter le crâne, et je vous reprendrai les 500 francs si mal gagnés par vous...

— Lâchez-moi ! lâchez-moi ! râlait Charbonneau.

— Ou vous recevrez une somme égale.

— J'étouffe !

— Choisissez.

— J'étouffe, répétait Charbonneau, et j'accepte...

— Bien. Il ne s'agit que de s'entendre, répondit l'inconnu qui lâcha la cravate.

— Ouf ! vous n'y allez pas de main morte, vous, s'écria l'agent de police, qui, attaqué si rudement, n'avait même point songé une seconde à se servir des armes contenues dans sa poche de côté.

— Reprenez vos esprits, puis nous causerons des conditions auxquelles vous recevrez la récompense promise.

— J'y suis. Décidément, vous avez une belle poigne. Il vaut mieux être pour que contre vous.

— Vous m'écoutez ?
— Oui. Mais d'abord une prière.
— Laquelle ?
— Désarmez ce joujou que vous m'avez appliqué sur la tempe, et mettez-le dans votre *profonde*.
— Vous dites ?
— Je veux dire dans votre poche.
— Volontiers.
— Vous ne vous imaginez pas comme c'est roid, l'anneau de fer que...
— Bien ! bien ! fit l'homme, qui désarmait son pistolet et le remettait sous son manteau, pour condescendre au désir de maître Charbonneau — mais ne vous avisez pas de porter la main aux petits engins que j'ai sentis sous votre redingote, là, à gauche... Je ne vous laisserais le temps de murmurer ni *Pater*, ni *amen*.
— Voulez-vous que je les jette ?
— Inutile. N'y touchez pas, voilà tout ce que j'exige de vous.
— Voyons vos conditions ? demanda Charbonneau.
— Tout bien considéré, je ne vous en impose qu'une...
— C'est assez.
— Bien simple.
— Hum ! hum ! toussa l'agent de police, qui se méfiait d'une si grande facilité.
— Me seconder...

— Dans quoi ?

— Dans une affaire difficile.

— Qui aura lieu, où ? quand ?

— Ah ! voilà ce que vous allez m'apprendre, dit l'homme au manteau.

— Comment ?

— En me répétant mot à mot votre entretien.

— Avec la comtesse ?

— Précisément.

— Cré matin ! jura Charbonneau, quand vous avez une idée, il faut y passer ; il n'y a pas à chanter ni à reculer.

— Je paye pour cela.

— Oui, mais... voyons... nous allons peut-être nous arranger.

— Il le faudra, dans votre intérêt, repartit l'inconnu d'une voix plus creuse que le rauquement d'un jaguar.

L'impatience commençait à le gagner, à le prendre à la gorge.

Charbonneau s'en aperçut.

Il s'empressa d'ajouter :

— Vous me jurez que dans toutes vos démarches, il n'y aura rien de contraire à ma cliente et dans le but de lui nuire ?

— Je vous le jure, fit l'inconnu.

— Alors, je ne vois pas ce qui s'opposerait à ce que je vous fisse la confidence en question.

— Ni moi non plus.

— Allons-y donc gaiement !

La puissance que le dompteur de Charbonneau exerçait sur lui-même était grande, puisque, malgré tout son désir de connaître le fond de cette entrevue, il attendit le bon plaisir de l'agent de police.

Après avoir réparé, en un tour de main, le désordre de sa toilette, ce dernier commença avec emphase :

— Mme de Casa-Real est une femme du plus grand monde.

— Passons, passons !

— Elle m'a fait appeler pour me demander des renseignements...

— Sur qui ?

— Sur un pauvre hère...

— Appelé ?

— Passe-Partout.

— Allez toujours.

— Je lui ai raconté...

— Des bêtises !

— Plaît-il ?

— Des mensonges, répliqua l'inconnu sans prendre de mitaines.

— Ah ! mais ! là-bas... si c'est toute la confiance que vous inspire mon récit, cela ne valait réellement pas la peine de m'étrangler.

— Ou de vous promettre vingt-cinq louis.

— Dame !

— Continuez, dans votre verbiage je distinguerai bien le vrai du faux.

— Et le vrai peut vous être utile?

— Sans cela! riposta l'homme au manteau en haussant les épaules. Continuez. Vous avez donc conté à Mme la comtesse toutes sortes d'histoires inventées par vous, pour lui laisser croire que vous saviez à quoi vous en tenir sur le passé de Passe-Partout.

— C'est un peu ça, répondit Charbonneau en baissant la tête avec confusion.

— A la bonne heure, vous devenez franc. Que vous a-t-elle demandé, après cela?

— Vous n'avez donc pas entendu notre conversation?

— Puisque je vous prie de me la rapporter.

— Ah! fit Charbonneau avec un peu trop de joie dans l'accentuation.

L'homme au manteau lui fit, de son côté, un geste de menace signifiant :

— Ne me mentez pas d'une syllabe, ou je vous retrouverai en temps et lieu.

Le narrateur comprit l'intempestivité de sa joie extérieure, et modérant son transport, il continua :

— Après cela, Mme la comtesse m'a demandé s'il serait possible de rencontrer Passe-Partout?

— Et vous lui avez répondu?

— Que tout était possible à une jolie femme comme elle.

— Monsieur Charbonneau, je commence à trouver que vous perdez beaucoup de paroles.

— Ne vous inquiétez pas de cela, cher monsieur, répondit modestement l'agent de M. Jules, j'ai un fonds de magasin qui de ce côté-là ne s'épuisera pas facilement.

— Gardez vos *rossignols*, et marchons droit au but! répliqua sèchement son interlocuteur.

— Interrogez-moi, alors, dit Charbonneau, qui tenait, par le fait, à ne parler que le moins possible.

— Soit. Quand faciliterez-vous à Mme de Casa-Real sa rencontre avec l'homme en question.

— Ce soir.

— A quelle heure?

— Vers les neuf heures.

— Où?

— Rue d'Angoulême-du-Temple.

— Dans quel lieu?

— Chez un marchand de vin traiteur, à l'enseigne du *Lapin courageux*.

— Voilà qui est parlé, fit l'inconnu.

— Alors, vous m'autorisez à vous céder la place? s'écria maître Charbonneau.

— Un instant, que diable! répliqua l'autre en le retenant vigoureusement par le collet de sa redingote.

— Sapristi! vous détériorez ma garde-robe, cria l'agent de police, qui avait le faible de tenir à ses moyens de toilette, comme un peintre tient à ses pinceaux et à son chevalet. C'est inutile et c'est de mauvais goût. Que voulez-vous encore !

— Je veux vous payer ma dette.

— Quelle dette? répondit Charbonneau à demi ahuri par ces secousses successives et violentes.

— Le prix de vos renseignements.

— Mes cinq cents francs! au fait, je les oubliais.

— Vous êtes généreux! Je ne le serai pas moins que vous. Tenez.

Un instant après, un billet de cinq cents francs, sorti du portefeuille de l'inconnu, allait rejoindre dans le gousset de l'agent les vingt-cinq louis de la comtesse de Casa-Real.

Les relations devinrent alors plus faciles entre les deux hommes.

— Puis-je encore vous être agréable? dit Charbonneau avec convoitise... Parlez, je suis tout prêt à me mettre à votre disposition.

— Je n'attendais pas moins de votre courtoisie, lui fut-il répondu. Non... je ne vois pas trop pourquoi je vous retiendrais plus longtemps.

— Adieu, alors.

— Adieu!... Ah! pourtant... si... une question?

— Faites.

— Y serez-vous ce soir ?

— Où cela? demanda l'agent étonné.

— Au *Lapin courageux?*

— Pardi! je l'espère bien.

— Où vous tiendrez-vous?

— Oh! repartit Charbonneau avec un sourire qui n'était fin que lorsqu'il ne désirait pas l'être, je ne serai pas difficile à trouver. Je me tiendrai au comptoir.

— Bien. Si je vais là bas ce soir, je puis compter sur vous, mons Charbonneau?

— Jusqu'à concurrence de la somme versée par vous entre mes mains, répondit solennellement celui-ci. Seulement, comment vous reconnaîtrai-je? Je n'ai seulement pas vu le bout de votre nez.

— Peu importe. Je vous reconnaîtrai, moi, cela suffira.

— Comme il vous plaira.

— Ainsi c'est entendu?

— Parfaitement.

— Et maintenant, avant de vous rendre à la liberté, qui est le plus bel apanage des hommes de votre trempe, un dernier mot, lui dit l'inconnu en se penchant jusqu'à son oreille, faites votre profit de ceci, monsieur *Pierre Duhamel*, dit *Coquillard*, dit *Charbonneau*, double *cheval de retour*, agent interlope de M. Jules.

— Hein? s'écria en reculant de terreur Charbonneau, tout effaré... Que prétendez-vous?

— Je prétends vous prouver que je vous connais aussi bien que vous vous connaissez vous-même.

— Après.

— Et que si vous vous conduisez mal avec moi, si vous essayez de jouer un double jeu, ce qui est assez dans vos habitudes, vous serez la première victime de vos procédés.

— Mais je vous assure que mes intentions...

— Sont pures. Tant mieux pour vous!

— Pourquoi, s'il vous plaît? demanda l'un.

— Parce que, répondit l'autre, j'ai entre les mains les preuves nécessaires pour vous faire réintégrer dans les bagnes de Toulon, de Brest ou de Rochefort, à votre choix.

— Merci bien.

— Et cela dans les vingt-quatre heures.

— Je serais curieux de voir cela, repartit avec un tremblement convulsif l'agent de police, qui voulut braver un moment son antagoniste. Je ne crois pas que cela soit aussi facile que vous le pensez; mais comme, de toutes façons, je n'aurais rien à gagner à cette expérience, j'admets que je me trouve pieds et poings liés dans votre main, et cela uniquement pour vous être agréable.

— Pas trop mal manœuvré pour couvrir votre retraite, ricana l'inconnu. A bon entendeur, salut.

— A ce soir, alors?

— A ce soir.

Charbonneau se retourna pour adresser un dernier geste d'adieu à l'homme au manteau.

Mais il eut beau regarder, chercher de tous les côtés, la rue était redevenue complétement déserte.

Il se trouvait seul, sans que nul indice vînt lui faire soupçonner comment et par où sa nouvelle connaissance, qu'il ne connaissait pas, avait pu passer, disparaître, voire même s'envoler.

— Allons, allons! se dit le malencontreux agent de M. Jules, il y a de la magie, de la sorcellerie là-dessous!... Voilà ce que j'aurais juré par tous les saints du paradis en l'an de grâce treize ou quatorze cent. Aujourd'hui je dois avoir eu affaire à un saltimbanque, ou à quelque Bosco ou Robert-Houdin en vacance.

Puis, après réflexion, il ajouta en posant la main sur son gousset :

— En fin de compte, l'argent me reste. Pourvu que ce ne soit pas de la fausse monnaie ! Bast ! je la passerais à M. Jules.

Cette dernière boutade le mit de bonne humeur.

— Nom d'un tonnerre! comme dit M. Jules, s'écria-t-il sans reculer devant l'absence totale d'un auditoire choisi, nom de plusieurs tonnerres, même... à part quelques torgnoles et pas mal de rebuffades l'affaire finira par devenir bonne ! Seulement il s'agit de se bien tenir, et, sur ma foi, l'on se tiendra bien.

Cela achevé, Coquillard-Charbonneau, reprenant son allure de *bougeois de remise,* se mit à arpenter, de son pas le plus rapide, le milieu de la chaussée, afin de voir venir tout à son aise les bonnes et les mauvaises rencontres. Conseil que nous donnerons aux coquins qui sortent de bonne heure, et aux honnêtes gens qui rentrent tard.

III

M. Benjamin.

Tandis que cette scène, à laquelle n'était guère préparé le bonhomme Charbonneau, se passait sur le trottoir qui bordait le mur extérieur du jardin de l'hôtel Casa-Real, Anita la quarteronne se rendait en toute hâte auprès de sa maîtresse.

Elle la trouva dans sa chambre à coucher, procédant à sa toilette.

Or, il nous faut bien l'avouer, c'était une singulière toilette que celle faite en ce moment par doña Hermosa.

A coup sûr le costume, principal et accessoires, étalé sur ce divan broché de soie et d'or représentant des fleurs diaphanes ou des oisillons fantastiques, jurait fort avec l'ameublement de ce réduit amoureux.

Un pantalon, un gilet, un petit paletot sac et un large pardessus en drap noir y étaient posés.

Une paire de bottes fines, en cuir verni, attendait sur une blanche peau de cygne servant de descente de lit.

Sur un guéridon, un chapeau de feutre sombre à grands rebords.

Somme toute, un costume d'homme.

Et ces vêtements masculins, la comtesse de Casa-Real se préparait à les endosser.

A l'entrée de sa camériste, elle se coiffait d'une perruque blonde, aux mèches variant entre cinq et dix centimètres de longueur ayant une raie sur le côté gauche.

Cette perruque, puisqu'il faut l'appeler par son nom, encadrait si adroitement son gracieux visage, que nul n'eût pu se douter qu'elle cachait les trésors d'une opulente chevelure, d'un noir d'ébène, descendant jusqu'aux chevilles.

Or, quoiqu'elle eût de nombreuses filles de chambre, la créole n'avait jamais souffert qu'aucune d'entre elles portât la main sur sa tête.

Elle seule se coiffait.

Et cela avec tant d'habileté, que quand elle entrait dans un bal ou dans une soirée de cérémonie, toutes les femmes jetaient un œil d'envie sur la simplicité de sa coiffure et sur la richesse de ses cheveux.

On n'avait pas encore pris, à cette époque-là, le parti d'étouffer la nature et la vérité sous les édifices de l'art et du mensonge.

On ne portait pas ces chignons ridicules qui font ressembler la tête de nos élégantes à une gourde de campagne montée grossièrement.

Nos mères avaient des cheveux, des vrais, et n'en portaient de faux qu'à la dernière extrémité.

Nos filles coupent les leurs, les vrais, pour en porter de faux sortant de n'importe où!

Et tout cela pour en revenir un jour aux bandeaux les plus simples, et aux chignons les moins voyants.

Messieurs les coiffeurs auront beau faire, le monde tournera toujours dans un cercle plus ou moins... vertueux.

S'ils donnent le ton aux mères de famille, s'ils forcent la main aux pères de famille, ces malheureux et faibles grands-parents, qui subissent aujourd'hui leur joug de mauvais goût, se révolteront à un moment donné.

A ce moment-là, comme l'a dit un de nos auteurs dramatiques les mieux accrédités, le règne de *Sainte-Mousseline* reviendra pour les couturières, et la vraie natte détrônera le faux chignon.

La comtesse achevait donc de se coller sur les tempes les dernières mèches rebelles de sa perruque.

Entendant le pas d'Anita, elle se retourna.

— Tu l'as reconduit jusqu'à la rue? demanda-t-elle.

— Oui, maîtresse.

— Il est parti? Il s'est éloigné? Personne ne l'a vu?

— Je le crois. J'ai pris par les corridors secrets.

— Et Marcos Praya?

— Nous ne l'avons pas rencontré.

— Tu en es bien sûre?

— Oui, maîtresse.

— Il est fin! murmura la créole en hochant la tête d'un air de doute.

— Sa finesse ne va pas jusqu'à traverser les murailles de son regard, répondit la quarteronne en souriant avec assurance.

— Je le renverrai en Amérique, celui-là.

— Il en mourra, maîtresse.

— Eh! que m'importe, après tout? Sa présence me gêne! fit l'irascible créature avec un geste d'impatience.

— Marcos vous aime autant qu'il aime son Dieu! répliqua gravement Anita en se signant.

C'est une chose à remarquer, toute créole est religieuse; et sa religion, plus naïve que celle d'une Européenne, étant plus récente, réside surtout dans les signes extérieurs.

Mme de Casa-Real n'était créole qu'à demi, à ce point de vue-là.

Sa passion, amour ou ambition, étouffait les souvenirs divins de son enfance et de sa jeunesse.

— Il m'aime!... il m'aime!... dis-tu? reprit-elle avec violence; soit. Mais il m'aime trop! Son affection me fatigue, son dévouement m'obsède! Si j'écoutais ses conseils...

— Il ose à peine vous en donner un... en tremblant.

— Si je l'écoutais, je finirais par ne plus m'appartenir! Marcos, sous prétexte d'adoration et de respect, ferait de moi sa chose! Cela ne sera pas, mignonne! ajouta-t-elle sur un mode plus léger.

— Vous êtes sévère pour le plus fidèle de vos serviteurs.

— Et toi, tu es bien indulgente pour ses défauts, Anita.

La quarteronne rougit et détourna son visage pour ne pas laisser voir à sa maîtresse la rougeur qui l'envahissait.

— Aide-moi à m'habiller, chica, fit cette dernière.

— Avec ces habits-là, maîtresse?

— En homme, oui.

Anita obéit.

Elle aida Mme de Casa-Real à revêtir son costume masculin.

Tout en lui servant de *valet de chambre*, la quarteronne ne put s'empêcher de lui communiquer ses appréhensions :

— Vous allez encore sortir ainsi vêtue, señora?

— Crois-tu que je m'habille de la sorte pour rester chez-moi? lui répondit en riant la comtesse.

— Et vous sortez seule?

— Dans un instant.

— Ne faites pas cela, maîtresse.

— Tu as peur?

— Pour vous, oui.

— Je ne t'emmènerai pas. Ne crains rien.

— Oh! maîtresse, fit Anita avec reproche, vous savez que je donnerais ma vie pour vous.

— C'est convenu, mais je préfère que tu la gardes... dans ton intérêt et dans le mien.

Ce disant, elle endossa le pardessus que la quarteronne lui tenait tout ouvert.

— Sortir ainsi habillée, c'est bien imprudent, maîtresse.

— Enfant!

— Surtout aujourd'hui.

— Pourquoi aujourd'hui plutôt qu'hier ou demain?

— Parce que c'est le dimanche gras.

— Raison de plus. Je ne serai pas la seule femme déguisée en homme.

— Vous risquez d'être insultée...

— Crois-tu? répliqua vivement la créole en regardant Anita de façon à lui prouver que la chose n'était pas aussi facile à faire qu'à dire.

— Il y a tant de monde dans les rues, maîtresse!

— On n'est jamais plus en sûreté qu'au sein de la foule, petite.

— Faites-vous accompagner.

— Allons! voilà que pour rassurer la señorita, il va me falloir demander une escorte au préfet de police, railla-t-elle doucement.

Puis, donnant à sa jeune camériste un soufflet qui ressemblait fort à une caresse, Mme de Casa-Real continua :

— Je ne suis pas une femmelette, tu le sais, niña. Voyons, hâtons-nous. Le temps presse. On m'attend.

Anita baissa la tête sans répondre, sachant qu'il était impossible de changer les résolutions de sa maîtresse.

Elle avait bon air sous l'habit masculin, la noble dame.

Ses manières élégantes, sa désinvolture leste et dégagée en faisaient un charmant jouvenceau.

A la façon dont la comtesse portait son harnais d'aventure, on reconnaissait facilement que ce n'était pas son coup d'essai.

Se couvrant cavalièrement la tête de son feutre, elle prit sur la même table où se trouvait son chapeau une paire de pistolets et un stylet à la poignée arrondie, à la pointe longue, acérée, bleuâtre.

Mettant ces armes, aussi dangereuses pour le moins dans sa main que dans celle d'un homme, au fond des poches de son paletot sac, elle boutonna son pardessus jusqu'au menton, et dit à la quarteronne.

— Adieu, je pars.

— A quelle heure rentrerez-vous, maîtresse? demanda la jeune fille avec un long soupir.

— Je ne sais pas au juste.

— J'attendrai.

— C'est inutile.

— S'il vient des visites ?

— Je suis souffrante ! Je ne reçois personne. Tu m'as comprise?

— Oui, señora. Adieu et bon plaisir.

— Merci. J'espère, en effet, m'amuser ce soir, fit la créole avec une expression indéfinissable.

— Faut-il vous éclairer ?

— Oui, prends une lanterne et conduis-moi.

Anita alluma une lanterne sourde et précéda sa maîtresse.

Elles atteignirent la porte fantastique par laquelle l'agent de M. Jules était sorti sans s'en douter.

— Toute réflexion faite, ne m'attends pas, chica.

— Je veillerai malgré moi, répondit Anita.

— A ton aise. Après tout, peut-être vaut-il mieux que tu m'attendes, prête à m'ouvrir au premier signal.

— Merci, maîtresse.

— Ouvre.

La quarteronne poussa un ressort.

La muraille se fendit, comme cela était déjà arrivé pour maître Charbonneau.

Mme de Casa-Real adressa un dernier signe de recommandation muette à sa jeune servante et sortit.

La porte dérobée se referma sur elle, au moment même où l'agent de police doublait l'angle de la rue et s'engageait dans l'avenue des Champs-Élysées.

Sans penser à lui, notre héroïne prit aussi cette direction.

Il faut lui rendre la justice de reconnaître que son cœur n'avait ni un battement, ni une pulsation de plus.

Elle arriva rapidement à l'extrémité de la rue.

Grâce aux marchands de toutes sortes : tirs à l'arquebuse, tirs aux macarons, Guignols et consorts, qui encombraient les allées et les contre-allées de la grande avenue parisienne, grâce à leurs nombreuses boutiques ou baraques éclairées presque *à giorno*, cette promenade favorite du peuple le plus badaud de l'univers était aussi vivante, aussi pleine que dans la journée.

Doña Hermosa se mêla bravement à la foule.

Elle suivit le flot.

Elle était si complétement entrée dans la peau de sa petite création masculine, que personne ne la remarqua.

Les gamins eux-mêmes, ces rois du carnaval, lui accordaient le droit de masculinité.

Pas un cri malséant ne vint l'assiéger ni la poursuivre dans sa marche rapide, quoique entravée par le flux et le reflux des promeneurs.

Doña Hermosa marcha ainsi, coudoyant et coudoyée, bousculant les uns, bousculée par les autres, jusqu'à la rue Saint-Florentin.

Là, elle se vit libre de respirer à pleins poumons.

Même à l'époque des réjouissances et des fêtes publiques, la rue Saint-Florentin ne perd pas sa couleur tranquille et aristocratique.

Peu de passants.

A peine quelques propriétaires — nous allions ajouter *féodaux* — pressés de rentrer dans leurs demeures silencieuses.

Presqu'à l'angle de cette rue, à une dizaine de pas de l'ancien hôtel de Talleyrand-Périgord, un fiacre stationnait.

A côté du fiacre, assis sur une borne-fontaine, un gamin causait avec le cocher en fumant un mauvais cigare d'un sou.

Le cocher, qui semblait au mieux avec lui, venait de tirer sa pipe de sa poche et s'apprêtait à lui demander du feu.

Mais un léger coup de sifflet, lancé à peu de distance, sépara les deux fumeurs et interrompit leur douce causerie.

— N, i, ni, c'est fini, mon petit, fit vivement le gamin, en jetant son bout de cigare dans le ruisseau. V'là le monde que j'attends. Grimpe sur ton trône. On ne te fera pas *lambiner*.

Le cocher remonta sur son siége en grommelant.

Le gamin courut au-devant de la comtesse, sa casquette à la main.

M™ de Casa-Rea, son signal donné, s'était arrêtée, examinant avec sa rapidité de perception ordinaire la voiture, l'automédon et l'enfant qui se précipitait à sa rencontre.

L'examen la satisfit.

Elle sortit de son immobilité et se dirigea vers le véhicule numéroté.

Mouchette — c'était lui — suivait, plein d'égards pour son meilleur ou pour sa meilleure cliente, au choix du lecteur.

Sans souffler mot, la comtesse mit la main sur la poignée de la portière et l'ouvrit.

Mouchette lui tint le marchepied.

Une fois la comtesse dans le fiacre, il se prépara à refermer la portière.

Celle-ci l'arrêta.

Il la regarda d'un air étonné.

— Où allons-nous, mon bourgeois? demanda-t-il en cherchant à comprendre ce temps d'arrêt.

— Monte, lui répondit-on.

— Moi! s'écria le gamin, moi, dedans et pas dessus! La bonne charge!

— Monte! répéta impérativement la comtesse.

Mouchette, qui, pour la première fois de sa vie, s'était fait répéter une invitation aussi aimable, sauta d'un bond dans le fiacre; il s'assit, modeste, sur la banquette de devant et ferma la portière.

A son tour, le cocher demanda où l'on allait.

— Descendez les boulevards et ne vous pressez pas, dit le compagnon du gamin, qui, pour le cocher, n'avait pas deux sexes, comme pour Mouchette.

Le cocher fouetta ses chevaux.

—Pas si vite, serin ! cria l'enfant. Puisqu'on vous dit d'aller au pas ! Si nous baissions les stores, ajouta-t-il, en regardant la comtesse d'un air conquérant.

— Baissez-les ! répondit tranquillement celle-ci.

Cette tranquillité démonta tant soit peu la fatuité de maître Mouchette, qui obéit, baissa les stores, et se tint coi à sa place.

Le fiacre se mit à rouler de façon à faire un kilomètre en deux heures et demie.

— Nous avons à causer, petit, fit la comtesse, écoute-moi.

— Causer, c'est quelque chose... murmura Mouchette entre ses dents, — mais il y aurait mieux ; enfin...

— Tu dis ?

— Rien, m'sieu Benjamin. je vous ouïs.

— Tu as été exact, je te remercie.

— Il n'y a pas de quoi. Avec vous, c'est bon jeu, bon argent. Je n'ai pas oublié la cachette de la barrière Fontainebleau.

— Pas si haut.

— Le cocher est borgne ! repartit le voyou en

faisant claquer sa langue contre la voûte de son palais. Il n'y a pas de danger qu'il entende un mot de ce qui se dira dans sa boîte.

— Tu le connais ?

— C'est un ami. Je l'ai choisi exprès.

— Bien.

— Il fait mes courses quand je suis pressé. Je mange pour lui quand il a faim.

La comtesse ne put s'empêcher de sourire et de considérer avec curiosité ce commencement d'homme, qui, pour éviter qu'on ne se moquât de lui, se moquait de tout et de tous.

Son compagnon de route supporta sans le moindre embarras cette admiration ou cet étonnement.

Il savait à quoi s'en tenir sur sa propre valeur.

Loin de l'intimider en quoi que ce fût, l'attention qu'on prêtait à ses calembredaines l'excitait, doublait sa verve.

Comme tous les hommes forts qui ne veulent pas laisser deviner leur pensée, Mouchette avait adopté un mode de causerie qui déroutait ses interlocuteurs.

Les uns prennent un air distrait qui force les gens auxquels ils ont affaire à répéter leurs propositions, et cela leur donne le temps de réfléchir.

Les autres affectent un défaut de prononciation, un bégaiement, toujours dans le même but.

C'est bien certainement en pleine Normandie que l'immortel Balzac a trouvé, dessiné et peint son bonhomme Grandet, la plus merveilleuse incarnation de l'avare homme d'affaires.

S'il ne l'y a pas laissé, c'est qu'il ne désirait pas que l'original de son portrait se reconnût et criât : au voleur !

Là seulement, dans le pays de Caux, dans la vallée d'Auge, on trouve ces types de maquignons, de marchands de bœufs, de fermiers enrichis ayant peur de paraître riches, traînant la syllabe, évitant toute réponse affirmative, prenant votre argent pendant qu'ils cherchent le moyen de ne pas vous livrer leur marchandise.

Mouchette tenait du paysan bas-normand et du rouleur de Paris.

Il excellait dans l'art de faire croire à ses clients, à ses pratiques, qu'il n'avait qu'une mince dose de finesse et d'intelligence.

Par moments, il prenait des expressions de physionomie d'une bêtise adorable.

Par moments, aussi, ses yeux vous perçaient à jour comme deux vrilles manœuvrées par un habile ouvrier.

Avec sa sagacité et ses habitudes d'ouvreur de portières, il cherchait à deviner ce que cachait le costume et le faux nom de son prétendu compagnon de voiture.

Mais la chose n'était pas à moitié difficile.

Il faut ajouter que, de son côté, celui-ci n'y mettait pas de complaisance.

Toujours est-il qu'après avoir étudié l'enfant sous toutes ses faces, la comtesse de Casa-Real, que, pour plus de commodité, nous appellerons *M. Benjamin* dans ses excursions masculines, se décida à rompre le silence.

Voyant que le gamin était bien résolu à ne faire que répondre à ses interrogations, elle lui dit :

— Es-tu occupé ce soir, petit?

— Ni oui, ni non, répondit Mouchette de sa voix la plus nasillarde.

— Et cette nuit ?

— Ni non, ni oui.

— Jolies réponses. Si tu ne m'en donnes que de pareilles, nous ne perdrons pas de temps et nous entamerons ensemble des relations nombreuses et suivies.

Le gamin ricana un : Faudra voir ! qui fut un coup d'éperon pour M. Benjamin.

— Si je ne vais pas droit au but, pensa-t-il, je n'obtiendrai jamais rien de ce petit misérable-là.

De son côté, l'embyron se tenait à part lui le langage que voici:

— Parce qu'on porte un jupon le matin et des culottes le soir, faut pas croire, mon bon ou ma bonne chérie, qu'on mécanisera la *jeune France* de la rue Mouffetard. Remue ton *chiffon rouge*, mon petit vieux, et s'il y a de la *braise à réchauffer*, on t'en donnera pour tes *roues de derrière,* pour tes jaunets ou pour tes *fafiots*, ma bonne petite vieille!

Souvent, quand il réfléchissait, Mouchette réfléchissait dans une langue mi-faubourg Saint-Germain, mi-cour des Miracles.

— J'ai besoin de toi, lui dit brusquement M. Benjamin.

— Je comprends ça.

— Je te dirai pourquoi tout à l'heure.

— Il ne sera pas de trop, fit Mouchette de son intonation la plus grave, quoique, après tout, ce ne soit pas indispensable. Le motif de vos actions, de vos faits et gestes m'est complétement inutile; c'est le but qu'il faut m'expliquer.

— Gamin, pas de phrases! riposta moitié brutalement, moitié gaiement son compagnon.

— La langue est un bel instrument, c'est même mon plus beau, m'sieu Benjamin. Si vous m'empêchez de m'en servir...

— Encore ! Je fais arrêter le fiacre.

— Vous le payez... j'ai plus de deux heures ! ricana Mouchette.

— Et je te plante là pour ne jamais te revoir.

Le gamin poussa un sanglot, s'essuya les yeux avec le revers de sa main gantée — il avait un gant changeant comme les nuances de l'arc-en-ciel, à la main droite—puis s'affermissant sur son siége :

— Vous êtes étranger ! m'sieu Benjamin. Vous ne savez pas ce que *blaguer* veut dire. Parlons comme des hommes. Agissons comme des femmes. Et, par les cheveux gris de m'man Pacline, si nous ne réussissons pas dans l'affaire que vous allez me proposer, c'est que M. de Belzébuth se mettra dans le jeu de nos adversaires. Allez, je vous écoute comme si vous portiez le Saint-Sacrement à mon propriétaire.

Mouchette parlait de bon aloi.

M. Benjamin le comprit et continua :

— Que fais-tu cette nuit ?

— Ah ! pardon, ça... ça sort de la question. Parlons de vous, M'sieu Benjamin. Moi, je ne vous payerai pas pour vous occuper de mes affaires. Point n'est donc nécessaire d'en causer.

— Je voulais dire : as-tu une affaire qui te réclame dans la soirée ?

— Vous êtes curieux.

— Non.

— Je le sais bien, parbleu ! Voilà pourquoi je vous réponds : oui, j'ai quelque chose à faire.

— Alors, n'en parlons plus. Je me passerai de ton concours.

— Pardon, fit vivement le gamin, parlons-en. Je ne suis venu ici que pour ça.

— Si tu es occupé ?

— Je lâcherai mes occupations pour vous être agréable.

Au moment où Mouchette protestait de son dévouement inaltérable pour M. Benjamin, le fiacre s'arrêta.

Il y avait un embarras de voitures.

Les stores étant baissés, le gamin allait porter la main au ressort de celui qui se trouvait à sa droite, afin de le relever et de regarder la cause de leur arrêt.

Mais une tête de *Robert-Macaire* aviné, traversant le morceau d'étoffe rouge qui tenait lieu de store, lui épargna la peine qu'il était prêt à se donner.

Cette tête appartenait à un long corps qui, sans l'ombre d'un doute, avait absorbé pas mal de litres aux barrières les plus généreuses de Paris.

Un faux-nez d'un demi-pied en faisait le plus bel ornement.

Ce faux-nez eût empêché le père véritable de ce faux ami de maître Bertrand, de reconnaître sa progéniture.

Mouchette n'ayant point encore de rejeton, ne se fit pas la moindre illusion et n'eut pas le moindre scrupule, en allongeant un maître coup de poing à ce faciès indiscret qui criait de sa plus belle basse :

— Ohé ! les agneaux ! On s'amuse là dedans. J'en suis.

— A l'œil ! avait répondu le gamin, en couchant le masque égaré sur le marchepied de la voiture.

Un éclat de rire de la foule lui apprit que le coup était bon.

Un juron formidable du Robert-Macaire barbottant au milieu du ruisseau lui fit reconnaître un de ses bons camarades.

— Filoche! s'écria-t-il d'un ton tragique! c'est Filoche!

— Qui? Filoche? demanda M. Benjamin, qui, moins ému encore, s'il était possible, que le fils de la Pacline, avait tout simplement mis la main sur la crosse d'un de ses jolis petits pistolets à deux coups, et qui attendait.

— Un ami! un bon! un fidèle! répondit celui-ci. Vous voyez ce que je fais pour vous. Je lui ai collé un *atout* solide. Faudra mettre ça sur l'addition.

M. Benjamin tira un porte-monnaie de sa poche et il en vida la moitié à peu près dans la casquette de Mouchette.

— V'là pour le coup de poing. Vous ne me devez plus rien de ce côté-là. Causons du reste.

Le fiacre reprit sa course à l'heure.

— Es-tu brave, petit? dit sans transition aucune le compagnon du gamin.

Celui-ci prit une pose à la Rodrigue, se mit le poing sur la hanche, jeta un coup d'œil castillan à l'être assez hardi pour lui adresser une pareille interrogation, et répondit en faisant une de ses plus gracieuses grimaces :

— Ça dépend du moment... et du bénéfice.

— Le moment, c'est aujourd'hui, ce soir même.

— On pourra voir alors. Et le bénéfice?

— Dix fois ce que je t'ai donné tout à l'heure.

— Je ne compte pas avec les amis. J'accepte les

yeux fermés, s'écria Mouchette, qui savait à un franc près ce que M. Benjamin lui avait si généreusement avancé.

— Donc, entendons-nous.

— Je ne demande pas mieux.

— Tu m'appartiens.

— Des pieds à la tête. Jusqu'à quelle heure ?

— Jusqu'à minuit.

— Mettons la bonne mesure : jusqu'à minuit dix minutes.

— Connais-tu bien ton Paris ?

— Je le connais mieux qu'il ne me connaît lui-même, le gueux ! c'est ma *ville natale*.

— Tu es sûr d'y être venu au monde ? demanda M. Benjamin, en riant

— Ma foi, non. Mais je suis sûr que *j'y mourrai*.

Ce mot, que nous mettons dans la bouche du petit Mouchette, nous l'avons entendu dire par un vieillard illettré.

A coup sûr, ce vieillard, qui n'avait lu ni La Bruyère, ni Noël et Chapsal, possédait un cœur, et c'était ce cœur reconnaissant qui parlait.

Or, le langage du cœur peut pécher par la forme, mais à coup sûr il va droit au but et touche les plus insensibles.

Mouchette n'était donc pas trop dans son tort en considérant la grande ville comme sa *ville natale*, puisqu'il comptait y *mourir* après une longue vie toute tissée d'honneurs et de félicités.

— Ainsi tu ne crains pas de t'y perdre? reprit M. Benjamin.

Pas plus que dans mon lit.

— Où se trouve la rue d'Angoulême?

— Angoulême? Quelle Angoulême? Il y en a deux, mon bon monsieur Benjamin.

— Deux?

— Oui. La rue d'Angoulême-Saint-Honoré, qui se trouve à deux pas et une coulée d'ici.

— Ce n'est pas celle-là que je demande.

— Et la rue d'Angoulême-du-Temple.

— Du Temple. En effet.

— Après, s'il vous plaît?

— Il se trouve, je crois, dans cette rue un marchand de vin-traiteur.

— Un fameux! dit le gamin en se léchant les lèvres.

— A l'enseigne?...

— Du *Lapin courageux*.

— C'est cela, fit M. Benjamin, stupéfait de voir que ce minuscule produit des vices parisiens ne se vantait pas en prétendant si bien connaître son Paris.

— Chez le père Signol, je ne connais que lui.

— Veux-tu que nous y soupions ce soir?

— Ensemble?

— Ensemble.

— Ah! mon prince! s'écria Mouchette ravi, permettez-moi de m'*esbigner* dix minutes.

— De quoi? demanda l'autre, qui ne comprenait pas *esbigner*.

— Ah! c'est juste... Laissez-moi aller au premier *décrochez-moi-ça* venu... J'y ferai un bout de toilette.

— Nigaud. Tu es très-bien ainsi.

— Comme il vous plaira. Ainsi nous irons?

— Ce soir même.

— C'est une maison très-*rupe*. Et il vous a une cave pour les amis, le père Signol! mais une cave!... à y faire pousser de la vigne! quoi! Y allons-nous tout de suite?

— Non, plus tard.

— Nous allons nous promener à l'heure, encore longtemps, dans cette *roulante?* objecta timidement le voyou désappointé.

— Auparavant, j'ai une visite à faire.

— Avec moi?

— Oui.

— Où ça, donc?

— Chez une tireuse de cartes.

Mouchette fit un bond sur son cousin.

— Chez une?... demanda-t-il, croyant avoir mal compris.

— Une tireuse de cartes. Cela t'effraye?

— Moi! le plus souvent. J'ai votre affaire.

— Si tu n'es pas le diable, tu es son fils, dit M. Benjamin presque sérieux.

— Je lui demanderai ça plus tard, répliqua

Mouchette sur le même ton. Si vous n'avez pas de préférences?...

— Aucune. Cependant on m'a indiqué une vieille femme, nommée...

— La Pacline?... continua-t-il.

— Oui.

— Rue de la Calandre?

— Juste.

— Ah ben! en v'là une de chance! C'est là que je veux vous conduire.

— Donne l'adresse au cocher et allons-y.

— Et ensuite? Après la séance? Est-ce le grand jeu que vous demanderez?

— Naturellement.

— Ce sera plus long. Une bonne heure au moins. Enfin, après la séance?...

— Nous irons souper chez... chez...

— Chez le père Signol. Noce complète! quoi? Et puis, là... en soupant?

— Là... répondit gravement M. Benjamin, en soupant... nous causerons de ce que je veux faire avant minuit.

— Ah! ah! fit Mouchette, faudra pas trop boire alors, pas vrai?

— Donne au cocher l'adresse de la tireuse de cartes, repartit la comtesse sans avoir l'air d'entendre sa dernière question.

— Voilà, mon bourgeois.

Et Mouchette baissant un des carreaux de devant,

indiqua au cocher du fiacre la demeure de la Pacline.

Mais cette fois, grâce à la promesse d'un généreux pour boire, le fiacre partit, au grand trot de ses deux petits chevaux, dans la direction de la Cité.

IV

Après la lionne, la gazelle.

Le temps que dura l'entrevue de la comtesse de Casa-Real et de M. de Warrens parut un peu long au colonel Renaud.

Il venait de descendre et de monter deux fois les Champs-Élysées, de la place de la Concorde au Rond-Point.

— Diablesse de femme! pensait-il, tout en se décidant à faire seul sa visite à la duchesse de Vérone, diablesse de femme! Elle l'aura ensorcelé de nouveau... Rester si longtemps auprès d'elle, quand il sait que nous avons tant à faire aujourd'hui! Morbleu! Le plus fort d'entre nous autres hommes a toujours son côté faible!... Pour Noël, c'est... c'est l'éternelle histoire de Samson et de Dalilah!

Et dans le mouvement de mauvaise humeur que lui inspira cette allusion biblique, Martial Renaud enfonça si vivement ses éperons dans les flancs de Simoun, que la noble et vaillante bête, peu accoutumée à ces manières irrespectueuses, fit un écart de six pieds.

Tout autre que son cavalier eût été *décroché* et lancé dos par-dessus tête.

Mais lui, reconnaissant sa faute et sa brutalité, se contenta, tout en restant inébranlable sur sa selle, de caresser la tête de son cheval, et de lui dire avec la plus grande douceur :

— Eh bien! Simoun, eh bien! ma belle bête, nous voulons donc me traiter comme Mme de Casa-Real est en train de traiter M. le comte de Warrens?

Le cheval maîtrisé par la vigueur et l'habileté du cavalier, repartit comme un trait dans la direction de l'arc-de-triomphe de l'Étoile.

A la hauteur de la rue de l'Oratoire-du-Roule, le colonel, qui grommelait toujours entre ses dents contre son frère, l'aperçut à quelques centaines de mètres devant lui, allant au petit pas et tranquille comme un aimable cavalier qui va faire son tour du lac.

En deux temps de galop, il l'eut rejoint.

— Enfin! lui dit-il.

— Comment! enfin! lui répondit le comte en souriant... Je t'attendais depuis dix minutes.

— Alors c'est moi qui suis dans mon tort? fit Martial Renaud sur le même ton.

— Naturellement. Voilà mon second cigare depuis que j'ai quitté la gracieuse personne chez laquelle tu as eu la lâcheté de me laisser tout seul.

— Permets-moi de t'adresser mille excuses...

— Je les accepte.

— Sérieusement, je ne t'attendais plus; et, tu le vois, je me rendais chez la duchesse.

— Sans moi, monsieur le colonel?

— Sans vous, mon cher comte.

— Eh bien! plaisanterie à part, mon bon Martial, tu aurais eu raison. C'est aujourd'hui que la générale Dubreuil doit me mettre au fait de tout ce qui concerne une de nos protégées les plus intéressantes.

— C'est de la jeune Thérèse qu'il s'agit?

— Tu verras cela tout à l'heure, curieux!

— Curieux, oui! Je le suis beaucoup, en effet... T'ai-je seulement questionné sur ton entrevue avec... avec elle?

— Oh! de celle-là, tout calme que je te paraisse, frère, moins nous en parlerons et mieux cela vaudra.

— Ah! ah! la séance a été orageuse?

— Terrible, Martial, répliqua le comte, qui ne put conserver plus longtemps son masque d'insouciance et de gaieté. Cette femme m'a presque vaincu!

— Toi fit tout haut le colonel, ce qui signifiait : *je n'en crois rien !* quoiqu'à part lui il pensât : Comme j'avais raison de trembler, en l'attendant !

— Moi-même, continua M. de Warrens.

— Et comment t'en es-tu tiré ?

— Je me suis enfui.

— Hein ? que dis-tu là ? fit le colonel Renaud, qui arrêta son cheval et se mit à regarder le comte bien en face.

— Je me suis sauvé si tu le préfères, repartit le comte qui s'arrêta comme lui.

— Mais *elle* a donc toujours la même influence...

— Je te répondrai tout à l'heure.

Ils remirent leurs chevaux au pas.

Corneille Pulk, le groom du comte, qui s'était arrêté comme eux, les suivit, conservant toujours, à un pouce près, la distance sacramentelle voulue par l'étiquette.

— C'est une créature extraordinaire, vois-tu ! Elle enivre qui l'approche. Elle fascine irrésistiblement. Tout en sa personne étonne, éblouit. Ses yeux ont des lueurs qui blessent comme la brûlure d'un fer chaud. De sa voix s'échappent des notes tantôt stridentes, tantôt mélodieuses. Et le plus étrange est qu'on ne sait lesquelles préférer de celles qui sont lancées pour vous séduire ou des autres qu'elle vous crache à la face pour vous injurier ou vous menacer. Dans chacun de ses gestes, il y a, pour qui l'a connue, mieux qu'un souvenir voluptueux, il y a une espérance pour l'avenir. Il m'a fallu une force et un courage surhumains pour lui rompre en visière et ne pas me jeter à ses pieds, avouant ma défaite et criant : Grâce ! Hermosa ! redevenons jeunes et recommençons notre vie d'autrefois ! Ange ou démon, son pouvoir est immense !... Ce pouvoir, je le reconnais,.. et je l'avoue, frère, j'en ai peur !

— Bien, fit le colonel avec un sombre et froid sourire, tu as le courage de reconnaître et d'avouer ta faiblesse. A partir d'aujourd'hui, c'est moi, moi seul que cette affaire regardera.

Le comte ne répondit rien. Son frère lui laissa le temps de la réflexion.

Les deux cavaliers activèrent l'allure de leurs chevaux, si bien que cinq minutes s'écoulèrent avant qu'une parole fût échangée de nouveau entre eux.

— La comtesse t'a-t-elle parlé de sa fille? demanda brusquement le colonel.

— Oui.

— Et tu lui as répondu?...

— Qu'elle n'était ni n'avait le droit de se croire mère.

— Dure réponse !

— Dure, mais juste ! fit le comte d'une voix sourde.

— La recherche de son enfant est-elle le but de son voyage en France ?

— Je le crois.

— Le seul but?

— C'est au moins son prétexte. Elle continuera à Paris ses menées tortueuses ; elle reprendra sa lutte contre...

— Contre l'association.

— Oui, fit M. de Warrens en baissant le ton de leur dialogue. Mais quels que soient les risques à courir contre une adversaire aussi séduisante...

— Et aussi peu scrupuleuse! Elle ne reculera devant aucun moyen pour réussir dans ses recherches et pour se venger de toi, de tes amis.

— Je le sais. Mais pouvais-je rendre l'enfant?

— Tu ne le devais pas. Ah! elle veut la lutte, cette douce syrène! Ah! elle prétend nous dompter, nous fouler sous ses pieds mignons! Va pour la lutte, aussi bien dans l'ombre qu'au grand soleil. Noël, tu vas me faire une promesse.

— Laquelle?

— Tu ne te retrouveras plus en présence de cette femme.

— C'est difficile.

— Laisse-moi le soin d'en avoir raison.

— Je te donne carte blanche.

— Liberté d'action?

— Pleine et entière. Mais prends garde.

— Je suis soldat. Je la traiterai comme je m'y prenais avec les Arabes. On est fait à la guerre des broussailles. Nous verrons bien si, le cas échéant et la chasse une fois ouverte, ta panthère aux ongles roses pourra m'échapper aussi facilement.

— Merci et bonne chance, frère.

— Affaire réglée. N'en parlons plus, repartit le colonel, qui avait obtenu tout ce qu'il désirait au sujet de Mme de Casa-Real. Occupons-nous un peu de la duchesse et de ses protégées.

— A-t-on exécuté mes instructions ?

— A la lettre.

— Ainsi Thérèse...

— Mlle Bergeret.

— Ne la nomme pas ainsi, l'on pourrait t'entendre.

— Bast! autant en emporte le vent. Enfin... Thérèse, puisque Thérèse il y a, venait de quitter la Machuré, sous la protection d'Olivier...

— Qui, par parenthèse, a eu d'autant plus de mérite à m'obéir qu'il a littéralement agi en aveugle.

— Je crois même que tout d'abord il a éprouvé une certaine répulsion à...

— C'est vrai, dit le comte... Certaines choses, un peu singulières, se sont passées en sa présence. On ne lui en a pas donné l'explication.

— Dame! alors?...

— Il m'a fallu user de l'influence — inexplicable — que la duchesse de Vérone possède sur lui, pour le décider à nous servir d'intermédiaire.

— Eh bien! dix minutes après le départ de Mlle Thérèse, une voiture vint prendre Mme Bergeret... je veux dire la mère de Mlle Thérèse, chez la Machuré.

— Et de là?

— On l'a transportée dans la maison du docteur Blanche, où depuis ce moment...

— Depuis cette nuit, n'est-ce pas?

— Oui, il était deux heures et demie... Depuis lors, enfin, elle est confortablement installée et entourée des soins les plus assidus.

— Elle n'a point parlé, dans le trajet? demanda M. de Warrens.

— Pas un mot. Le mouvement de la voiture lui a donné à croire qu'elle se trouvait dans un hamac... Elle riait... Elle se dodelinait de droite à gauche, puis elle se balançait de gauche à droite, avec des cris de joie.

— Pauvre femme! Que pense le docteur de l'état où il l'a trouvée?

— Il n'affirme rien, mais il ne désespère pas.

— Je donnerais un million, fit le comte avec une énergie menaçante, pour qu'on réussît à lui rendre la raison.

— Le docteur exige que, pendant quinze jours, la malade ne reçoive aucune visite.

— Pas même celle de sa fille?

— Surtout celle-là.

— Il faudra bien se soumettre aux exigences du docteur. Je ferai entendre raison à la jeune fille. Qui a été chargé de cette affaire?

— Le vicomte de Rioban.

— C'est toi qui l'as choisi? demanda M. de Warrens à son frère.

— Oui.

— Tu as bien fait. Rioban est une de ces natures d'élite sur lesquelles nous pouvons compter. Mais comment expliquer le silence de la Machuré sur tout cela dans sa lettre de ce matin?

— On lui a clos la bouche.

— Avec de l'argent.

— Et avec une date.

— Raconte-moi cela.

— Voici comment les choses se sont passées, dit le colonel Renaud : Mortimer, San-Lucar et Rioban, pressés d'en finir avec elle, à cause de leur affaire avec Mauclerc, ne voulant pas manquer l'Opéra, ont mis les morceaux doubles.

— Voyons, fit le comte, en retenant Fleur-de-Lis, qui ne lui aurait pas laissé le temps d'entendre jusqu'au bout le récit de son frère.

— Arrivés devant le bouge de la vieille revendeuse, nos trois amis sont descendus de voiture. Sir Mortimer et San-Lucar se sont embusqués de chaque côté de la porte. Rioban a frappé. Au moment où l'affreuse compagnonne ouvrait, un châle lui a été jeté adroitement sur la tête, de façon à l'empêcher de crier. Pendant que Mortimer la maintenait, ce qui n'était pas une tâche facile, la gaillarde se débattait comme une hyène prise au piège, les deux autres sont montés dans son repaire, ont enlevé Mme Bergeret et l'ont placée dans leur voiture.

— Et la Machuré?

— Mortimer, la chose faite, lui a mis une dizaine de louis dans la main, et lui a prononcé à l'oreille deux mots qui la rendirent immédiatement souple comme une brebis, et tremblante comme le condamné qui marche à l'échafaud.

— La date en question, sans doute?...

— Treize avril...

— Mil huit cent quarante et un, acheva le comte.

— C'est cela.

— Ensuite?

— Mortimer, laissant la vieille sortir de son châle et de ses émotions, referma la porte, et la voiture partit avec la rapidité de l'éclair. Vingt minutes plus tard, après avoir déposé nos trois compagnons sur le boulevard des Italiens, à l'entrée du passage de l'Opéra, elle s'arrêtait devant l'établissement du docteur Blanche.

— Qui conduisait la voiture?

— Le major.

— Ah! Schinner en était? Tu l'avais oublié.

— Il ne s'est mêlé en rien à l'action.

— Je le reconnais bien là, dit M. de Warrens, fidèle à sa devise : *Toujours prêt, dans l'ombre.* Allons, tout est bien. Je suis content.

A ce point de leur conversation, les deux cavaliers enfilaient la tête de l'avenue de Saint-James, où se trouvait l'hôtel de la duchesse de Vérone.

— Nous y voici, fit le colonel.

— Pauvre duchesse! lui répondit son frère en riant. Si elle savait...

— Quoi?

— Que son mari...

— A ton tour, Noël, tu parles imprudemment...

— Il faudra pourtant bien, continua le comte du même ton, qu'un de ces jours on le lui ressuscite.

— N'est-il pas à Paris, en ce moment?

— Je le crois bien!... depuis deux bons mois. Mais je le surveille... Il se gardera de donner signe de vie, sans que je le lui permette.

— Nous pouvons être tranquilles. Sa désobéissance lui coûterait trop cher.

— Pauvre diable !

— Tu le plains, Noël ?

— Martial, je plains toujours un coupable.

— Il n'a que ce qu'il mérite, et ma foi...

Mais le colonel Renaud, voyant la porte de l'hôtel de la duchesse toute grande ouverte, n'acheva pas sa phrase, et dit au comte : On nous attendait.

— Et nous nous sommes fait trop attendre.

Ils pénétrèrent dans la cour, suivis par Corneille Pulk.

Avant que les deux visiteurs eussent eu le temps de mettre pied à terre et de jeter la bride de leurs chevaux à deux domestiques en grande livrée, rouge et jaune, la duchesse de Vérone parut sur la plate-forme d'une terrasse donnant sur la cour de l'hôtel.

Elle était accompagnée d'une ravissante jeune fille que nous avons déjà présentée à nos lecteurs, comme ayant eu le plus grand succès de beauté et de chant au bal donné par M. de Warrens.

Cette jeune fille n'était autre que Mlle Claire Bergeret, qui, la nuit précédente, avait quitté, sous la protection d'Olivier Dubreuil, la maison mystérieuse de la *Mère Machuré*.

On saura bientôt pourquoi Mlle Claire Bergeret portait le nom de *Thérèse*, chez cette infâme revendeuse à la toilette.

La générale Dubreuil, duchesse de Vérone, ne possédait pas une grande fortune.

Sans le comte de Warrens, son ami, et dont, nous l'avons dit, elle tenait les salons, bien souvent elle se serait trouvée dans une gêne difficile à vaincre pour elle.

Comme beaucoup de femmes des grands dignitaires du premier empire, elle était d'une ignorance complète sur toute espèce de calculs et d'économies.

Heureusement, pour des raisons inconnues de ses proches, le comte s'était chargé de ses intérêts.

Il avait mis à la tête des affaires de la duchesse son propre intendant, le major Karl Schinner.

Le major représentait les mathématiques faites homme pour cette bonne et digne générale.

Elle le tenait en grande vénération, ne se donnant jamais la peine de vérifier ses comptes, si bien qu'à chaque fin d'année, tout en vivant de la façon la plus large, sans savoir aucunement de quelle façon son chargé d'affaires s'y prenait, elle se trouvait avoir mis de côté tout ou une grande partie de son revenu.

La duchesse avait bien demandé quelques explications à ce brave major, mais ce dernier parlait si peu, lui mettait sous les yeux tant de factures et de notes acquittées, qu'en fin de compte elle se considérait toujours comme satisfaite.

Du reste, ce qui lui arrivait n'était que justice.

Dans son existence, si pleine de vicissitudes grandioses et de désastres inattendus, la noble et digne dame avait si peu compté avec les autres, qu'à la rigueur on pouvait bien ne pas compter avec elle.

Les salutations d'usage échangées, la générale introduisit les deux hommes et la jeune fille dans un boudoir placé au fond de son appartement.

Elle avait donné l'ordre de ne plus recevoir personne, et de ne la déranger sous aucun prétexte.

Toutes ces précautions prises, elle se tourna vers M. de Warrens, et lui dit :

— Mon cher comte, vous savez pourquoi vous êtes ici ?

Le comte s'inclina et fit un geste affirmatif.

— La chère enfant que vous m'aviez confiée, que vous avez placée sous ma sauvegarde — et tout en parlant elle désignait la jeune fille, dont le maintien modeste et timide confirmait chacune de ses paroles — devait, d'après notre commun désir, vous raconter son histoire et celle de sa famille.

— En effet, duchesse, et malgré les douleurs que ce récit doit réveiller au fond du cœur de Mademoiselle, ce récit est nécessaire, indispensable.

— Nous l'avons jugé ainsi, elle et moi, continua la duchesse. Mais craignant que la force ne lui manquât pour aller jusqu'au bout, je l'ai priée d'écrire, sans omettre le moindre détail, les souvenirs des malheurs qui ont frappé son enfance.

— Mademoiselle désire-t-elle me lire elle-même ces souvenirs, ou veut-elle que je les parcoure sur-le-champ?

— Elle vous les lira, mon cher comte. Il faut que M. le colonel Renaud et moi-même nous ne perdions rien de cette navrante histoire, pour ne pas reculer devant le châtiment du coupable, l'heure de la justice venue.

— Et soyez-en certaine, mademoiselle, ajouta le comte, cette heure ne tardera pas.

La jeune fille, qui, pendant ces répliques échangées entre M. de Warrens et la duchesse de Vérone, avait eu le temps de dominer son émotion, prit un manuscrit dans un tiroir, l'ouvrit et lut ce qui suit:

V

Journal d'une jeune fille. — Un ménage parisien.

C'était en 1835, en plein mois de décembre.

Au coin de la cheminée d'un salon meublé avec goût et simplicité, faisant partie d'un appartement bourgeois, se tenaient une femme et un enfant.

La femme, dans toute la force de sa beauté et de sa maternité, avait à peine trente-cinq ans.

L'enfant, une petite fille, n'avait pas encore six ans.

La mère, Mme Bergeret, assise devant un métier, faisait de la tapisserie.

La fille tenait un journal et épelait.

— Un et cinq, ça fait six, disait-elle.

— Non, ma petite Claire, répondait sa mère, non ; dans ce que tu lis, un et cinq, cela fait quinze.

— Tiens! maman, c'est drôle! hier, tu me disais ; cinq et un font six.

— Oui, et cependant un et cinq à côté l'un de l'autre font quinze.

L'enfant réfléchit un moment, puis s'écria :

— Oh! je m'en souviendrai, va! D'abord, je n'oublie rien, moi. Un et cinq, quinze!

Et continuant :

D É *dé*... C E M *cem*... BRE *bre*... Quinze décembre! Est-ce bien, maman?

— Oui, mon enfant, c'est bien! fit la mère en l'embrassant.

Claire laissa sa mère travailler paisiblement quelques minutes durant, puis, frappant du pied avec impatience, elle s'approcha d'elle, et lui montrant l'en-tête du journal qui causait sa petite colère :

— Qu'est-ce que c'est encore que ça, maman?
— Quoi?
— Ces quatre chiffres qui se suivent? Tiens, dis-moi combien ça fait?
— Mil huit cent trente-cinq.
— Quinze décembre mil huit cent trente-cinq?
— Oui.
— Et c'est aujourd'hui ce jour-là?
— Oui, ma fille.

L'enfant ouvrit de grands yeux, prit son air le plus sérieux et demanda :

— C'est donc un vilain jour, aujourd'hui ?
— Pourquoi ?
— Parce que, hier, papa travaillait là, à son bureau. Il m'a appelée, il m'a embrassée bien fort, et puis il a dit : Demain, mon Dieu ! demain ! Et il a pleuré !

Mme Bergeret quitta son ouvrage, et prenant sa fille entre ses bras :

— Il a pleuré ! Ton père a pleuré ? fit-elle.
— Oui, répondit Claire, bien sûr ! J'ai vu deux grosses gouttes qui tombaient sur son papier.

Dans l'émotion, dans le trouble que lui causa cette nouvelle inattendue, la jeune femme avait pris son enfant entre ses bras, elle la remit à terre, machinalement, sans songer à ce qu'elle faisait.

Elle pensait :

— Quoi ! mon mari a pleuré ! Et il me cache ses larmes ! Il a un chagrin et il ne veut pas que je le partage ! Oh ! mon Dieu ! mon Dieu ? qu'y a-t-il ? Cette enfant me fait peur.

La petite Claire, de son côté, était allée à la fenêtre, et sans plus se préoccuper des soucis de sa mère ni des observations alarmantes qu'elle venait de lui faire involontairement, elle regardait au dehors.

Tout à coup elle se mit à battre des mains avec joie, puis à crier :

— Oh ! maman, viens donc voir ! Il tombe de la pluie toute blanche, toute blanche !

— C'est de la neige, lui répondit la pauvre femme, dévorée d'inquiétude.

— Quelle neige, donc?

— La neige de décembre.

Et tout en disant ces mots à sa fille, elle regardait du côté de la porte, pour voir si son mari ne rentrait pas.

La porte s'ouvrit.

M. Bergeret parut.

Sa femme se précipita au-devant de lui; elle allait l'embrasser comme à l'ordinaire, mais la préoccupation, la tristesse peintes sur le visage de son mari l'arrêtèrent.

Ses pieds se sentirent instinctivement cloués au plancher de son salon.

Claire profita de l'immobilité de sa mère et de son père pour courir à ce dernier et se jeter à son cou.

Celui-ci saisit la petite et l'embrassa à plusieurs reprises.

— Embrasse-moi, papa, lui disait l'enfant au milieu de cette avalanche de caresses paternelles, embrasse-moi, mais ne pleure pas après, comme tu pleurais hier!

Le père s'arrêta, il regarda sa femme, et comprenant que sa fille avait déjà parlé.

— Louise, fit-il, sonne. Qu'on emmène l'enfant, il faut que je te parle. J'ai déjà trop tardé peut-être.

Mme Bergeret sonna.

Vint une femme de chambre qui emmena la petite Claire.

Restés seuls, les deux époux se contemplèrent un instant silencieusement.

Puis la femme alla à l'homme, lui prit la main et lui dit :

— Comme tu es pâle ! Qu'y a-t-il ?

Le mari saisit la tête de sa femme entre ses deux mains et lui baisant le front, il repartit :

— Louise, tu es une femme courageuse ?

— Tu le sais, dit-elle avec fermeté.

— Prépare toutes tes forces pour supporter sans fléchir le malheur qui nous frappe.

— Je serai forte, parle.

M. Bergeret était un homme de quarante ans, solidement trempé ; l'honneur avait gravé sur ses traits loyaux son empreinte bien reconnaissable ; physiquement, il ressemblait à un chêne destiné à vivre de longues années ; moralement, c'était une conscience vivante.

Il hésita, puis, faisant un effort surhumain, il se décida à prononcer, d'une voix faible comme le souffle d'un enfant qui dort :

— Louise ! ma Louise ! nous sommes ruinés !

— Ruinés ! répéta Mme Bergeret. Ah ! ma pauvre petite Claire !

Le premier cri de l'héroïque créature avait été pour sa fille.

Le second fut pour son mari, que cette douleur écrasait et qui venait de tomber anéanti sur un siége.

— Eh bien! mon ami, nous nous remettrons à l'ouvrage, voilà tout.

Bergeret releva vers elle sa tête désolée; un éclair de joie l'illumina :

— Merci! dit-il d'une voix pleine de larmes, merci! Oh! si quelque chose au monde pouvait me rendre le courage, ces paroles me le rendraient. Mais il est trop tard.

— Qui sait? Raconte-moi tout, mon ami. Je trouverai peut-être un moyen de salut.

— C'est impossible, chère femme! je les ai tous épuisés. Crois-tu donc que je vienne au premier revers te jeter le désespoir et le découragement dans l'âme? Non, va! j'ai lutté vaillamment et bien longtemps. L'homme jeté à la mer par un coup de vent commence par nager avec vigueur. L'espoir est là qui le soutient. On peut le secourir, lui jeter une corde, une bouée! Un bâtiment peut passer! que sais-je? une terre sortir de l'onde! Enfin, tous ces espoirs, fondés ou non, raisonnables ou absurdes, soutiennent le malheureux et doublent ses forces. Mais la corde n'est pas jetée! Point de bouée qui flotte! L'Océan s'étend immense et désert! Pas une cime de rocher ne dépasse son niveau! Les forces s'épuisent! Le temps passe, les minutes deviennent des heures, et le courage s'éteint avec l'espérance ! Louise, je suis cet homme qui n'espère plus, qui n'a plus d'énergie, et qui se laisse couler dans l'abîme !

En face de cette immense douleur, la noble femme ne songea plus qu'à consoler le compagnon de sa jeunesse.

— Parle ! fit-elle. Raconte-moi tout. Il me faut ma part de ton malheur !

Et de sa main elle essuyait les larmes nerveuses qui coulaient de ses yeux rougis par la fièvre et par l'insomnie.

— Te rappelles-tu, lui dit M. Bergeret, qu'il y a deux ans, deux des plus fortes maisons de Hollande, la maison Van Groot et la maison Paës, manquèrent à quelques jours de distance?

— Oui, et je me rappelle même t'avoir demandé alors si tu n'étais pas atteint par ces deux sinistres. Tu me répondis que, fort heureusement, tu avais cessé, depuis un an, tous rapports d'affaires avec ces deux maisons.

M. Bergeret baissa la tête, poussa un soupir et murmura.

— Je te trompais, chère Louise, pour t'épargner des angoisses. Van Groot et Paës m'emportaient chacun deux cent mille francs !

— Tout notre avoir? fit Mme Bergeret sans sourciller.

— Tout ! oui tout ! mais j'avais le crédit que donnent à tout homme d'honneur vingt ans de probité commerciale. J'entrepris quelques opérations modestes et sûres en tout autre temps que le nôtre. Dieu était contre moi ! Je perdis au lieu de gagner ! si bien qu'un jour, il y a six mois de cela, je me trouvai à découvert de cinquante mille francs.

— Hélas! s'écria Louise avec admiration. Et depuis deux ans, chaque jour tu rentrais calme, souriant ! Tu jouais avec ta fille ! Tu me disais de douces et tendres paroles, comme en dit un homme heureux !

Son mari l'interrompit.

— N'était-ce pas mon devoir? Je souffrais, sans doute par ma faute, par mon imprudence! Dieu, dans sa bonté, avait mis deux anges près de moi. Avais-je le droit de faire souffrir ces deux anges?

— Pauvre martyr! fit sa femme contenant à grand peine les sanglots qui lui gonflaient le cœur.

Il me fallait donc avoir cinquante mille francs, continua M. Bergeret. Je m'adressai d'abord à des amis de vingt ans ; aucun d'eux ne voulut ou ne put me venir en aide. C'était naturel! Ne sachant que devenir, j'allai trouver un banquier, qui avait une réputation assez mauvaise et qui passait pour vendre aux commerçants malheureux de l'argent, souvent très-risqué et par conséquent très-cher.

— Eh bien !

— Celui-là me dit : Vous êtes donc bien malade pour venir à moi, vous, un honnête homme ?

N'importe ; je vous crois intelligent, je me risque. Voilà votre argent ; seulement, comme dans cette affaire je cours de fortes chances de perte, je veux avoir aussi mes chances de bénéfices. Vous allez me signer une lettre de change de cent mille francs, à six mois.

— Grand Dieu !

— Et l'échéance arrivée, soyez-en prévenu, payez recta, ou sinon, je saisis, je vends et je coffre.

— Tu n'as pas signé cette lettre de change ! s'écria la pauvre femme avec angoisse.

— Cela me donnait six mois de répit, et le malheur pouvait se lasser de frapper sur moi. Il n'en a rien été.

— Et l'échéance de cette lettre de change est arrivée ? interrogea Louise tremblante de plus en plus.

— Je me suis trouvé sans ressources ! continua sourdement le commerçant, mon créancier a poursuivi. J'ai demandé un délai, il est resté inexorable. Hier, enfin, il a obtenu la contrainte par corps, me prévenant que si je ne payais pas aujourd'hui, il userait de son droit.

La femme regarda son mari ; puis, baissant les yeux, elle lui dit le plus doucement qu'elle put :

— Tu n'as pas songé à fuir ?

— Fuir ! moi ! s'écria-t-il avec un accent de reproche et d'indignation qui témoignait de sa loyauté exagérée. Louise, ce mot-là ne vient pas de toi ! Fuir ! moi ! retirer à mon créancier le seul gage qui lui reste, ma personne ! jamais. On plaint le soldat qui tombe, on méprise le soldat qui déserte ! Le commerçant est un soldat. Si je tombe sous le coup de la fatalité, je veux qu'on puisse me plaindre et non qu'on dise : c'est un banqueroutier !

En entendant ces nobles et fières paroles, Mme Bergeret releva la tête comme pour défier le sort... Puis le souvenir de sa fille venant se placer entre elle et l'héroïsme de son mari, elle reprit d'une voix suppliante :

— Peut-être pourrait-on fléchir ton créancier ?

— Fléchir Jacob Kirschmark !... répondit amèrement le commerçant.

— Veux-tu que j'aille à lui, que je le supplie, que je me traîne à ses pieds ? Je lui mènerai ma fille. Il ne résistera pas aux larmes de la mère, aux caresses de l'enfant.

M. Bergeret se leva, comme poussé par un ressort, et se plaçant devant la porte :

— T'abaisser, toi, devant un pareil misérable ! Je te le défends ! Un lâche, qui croit tout permis à sa fortune ! Il ne respecte ni la vertu, ni le malheur ! Je te défends de le voir ! je te le défends !

Louise s'inclina, en signe d'obéissance.

Plus calme, son mari continua :

— J'ai du reste essayé de le voir. Il m'a fait répondre que c'était inutile. Enfin, résolu à tenter un dernier effort sur cette nature impitoyable, je lui ai envoyé un billet ainsi conçu : « Je vous attends chez moi, à trois heures. Il faut que je vous voie. De cette entrevue peuvent résulter mon salut et le payement de ma dette. » Ce dernier mot le fera venir, peut-être.

— Il est près de trois heures !
— Je l'attendrai.
— Et que vas-tu lui proposer ?
— Voici mon projet...

Au moment où le malheureux négociant allait apprendre à sa femme ce qu'il comptait offrir à son cruel créancier, un domestique vint annoncer ce dernier.

M. Bergeret donna l'ordre de l'introduire.

Puis, malgré les supplications de sa femme, qui voulait assister à cette suprême entrevue, il l'envoya en attendre l'issue auprès de leur fille, lui recommandant de ne pas revenir avant qu'il ne la rappelât.

En sortant, Mme Bergeret se croisa avec un gros petit homme, laid, commun, bourgeonné, qui, à sa vue, fit un salut imperceptible et toucha son chapeau du bout du doigt.

C'était Jacob Kirschmark.

Il vint droit à son débiteur.

Celui-ci lui offrit un siége du geste, et lui dit :

— Mon cher monsieur Kirschmark, je vous ai fait prier de passer chez moi...

L'autre interrompit :

— Où est l'argent?

— Si j'avais de l'argent, il serait chez vous, et vous ne seriez pas ici.

Le banquier-usurier haussa les épaules et grommela de l'air le plus insolent :

— Pas d'argent ! Alors, pourquoi me faites-vous venir? Vous ne me connaissez donc pas ?

— Si. Je vous connais de réputation, répondit en se contenant de son mieux cet homme honnête que la nécessité obligeait à se courber devant cet être abject; on dit beaucoup de mal de vous. On prétend que vous n'avez jamais accordé un délai, une grâce; que vous n'avez jamais eu pitié de personne, et que vous laisseriez mourir de faim tous vos débiteurs plutôt que de perdre un centime.

Kirschmark se mit à rire grossièrement :

— Vous appelez ça *du mal*, vous? — On ne me calomnie pas, on dit vrai !

M. Bergeret sentit un froid lui courir dans les veines; il songea à sa femme, à sa fille, et continua :

— Je n'ai pas voulu croire toutes ces accusations. Il est possible que vous vous montriez dur avec des clients d'une moralité douteuse, et qui mettent de la mauvaise volonté à payer leurs dettes, mais en face d'un homme d'honneur frappé par une fatalité incroyable...

— Les hommes d'honneur sont ceux qui payent, fit le banquier de son ton le plus tranchant.

— Vous aurez quelques égards, quelque pitié, surtout si cet homme a une femme, un enfant.

— Une femme... un... Qu'est-ce que cela me fait à moi, tout ça? répéta Kirschmark avec le plus profond dédain. N'ayez ni femme ni enfant, et ayez de l'argent, ça vaudra mieux pour moi... et pour vous.

— Monsieur!... s'écria le père de famille, en faisant un mouvement terrible vers son créancier.

— Hein? quoi? répondit ce dernier avec le plus grand calme.

M. Bergeret se déchirait la poitrine avec les ongles.

Il s'arrêta, balbutiant :

— Monsieur!... cela importe plus que vous ne pensez, car sans cette femme, sans cette enfant, je vous jure que je ne vous supplierais pas en ce moment!

Kirschmark se leva.

— C'est tout ce que vous me donnez en payement? Des paroles! Bonsoir! Mes mesures sont prises... prenez les vôtres.

Et il allait se retirer.

Le dernier espoir du malheureux commerçant disparaissait avec lui.

Il se fit encore plus petit, encore plus humble :

— Pardon, lui dit-il avant que l'impitoyable banquier eût touché le bouton de la porte, pardon!... Comme je vous l'ai écrit, j'ai une proposition à vous adresser... dans notre intérêt commun... comprenez-vous bien?

— Parfaitement, répliqua l'autre, qui revint sur ses pas; je ne suis pas un imbécile... Dans notre intérêt commun, ça veut dire qu'il s'agit de me payer... j'écoute.

— Monsieur Kirschmark, dit rapidement, fiévreusement le mari de Louise, j'ai quarante ans, je suis fort et laborieux. Malgré mes revers, nul ne peut me contester l'intelligence des affaires...

— C'est vrai! approuva le banquier, quoiqu'à vrai dire, l'intelligence, dans les affaires, consiste à gagner l'argent des autres, et non à perdre le sien.

— Eh bien! avec tout cela, si vous consentez à ne pas me poursuivre, il est impossible que je ne trouve pas une place de quatre ou cinq mille francs.

— Une place de caissier! ricana Kirschmark.

— De caissier... soit.

— Vous l'aurez si je consens à ne pas vous poursuivre... possible... mais je vous poursuivrai.

Le père de Claire eut du sang dans les yeux.

Un moment, Bergeret crut qu'il allait se précipiter sur ce monstre, et l'étouffer entre ses bras.

Mais c'était le nom des siens qu'il jetait en pâture à l'animadversion publique, c'était leur avenir qu'il défaisait pied à pied.

Il se résolut à tenir ferme, jusqu'au dernier pouce de terrain.

Il eut le courage indicible de murmurer :

— Peut-être feriez-vous mieux d'attendre... Sur le fruit de mon travail, je m'engage à ne prélever que le strict nécessaire pour nourrir ma famille, et je vous abandonne le reste.

Kirschmarck se tordait.

— Très-joli ! Attendez ! répondit-il entremêlant ses paroles d'éclats de rire à mettre la rage au cœur d'un saint, attendez ! vous avez une femme et un enfant ! Le strict nécessaire pour trois personnes, en admettant que les personnes vivent le plus économiquement du monde, comme moi quand j'ai commencé, est de deux mille cent francs, savoir, sept cents francs par tête. Qui de quatre mille paye deux mille cent, ne garde que dix-neuf cents francs. Voici donc ce que vous m'offrez : dix-neuf cents francs par an, jusqu'à extinction de la dette.

— Monsieur !

— Très-joli ! Vous faites une lettre de change à six mois et vous demandez cinquante-deux ans, sept mois et cinq jours pour rembourser. Je ne vous parle pas des intérêts, qui, au taux de ma maison, pendant ces cinquante-deux ans sept mois et cinq jours, ne laisseraient pas de grossir le capital. Vous n'êtes pas dégoûté, vous !

— Vous raillez ! fit le malheureux Bergeret les dents serrées, l'œil menaçant.

— Moi ? pas du tout ; c'est vous qui vous... riez de moi.

— J'ai cru devoir vous offrir le dernier moyen qui me restât de m'acquitter envers vous. D'ailleurs les marchandises que j'ai en magasin, si je puis attendre, reprendront de la valeur, et l'an prochain, qui sait? je vous rembourserai d'un seul coup.

L'usurier remit son chapeau.

Il regarda son débiteur bien en face et dit, en lui riant au nez :

— Décidément vous êtes un farceur ! Vos marchandises !... mais demain vos marchandises seront vendues à la criée ! demain je les aurai rachetées au rabais ; elles ne seront plus dans vos magasins, mais dans ma cave ; elles attendront chez moi, et si elles remontent, ce qui est certain, elles remonteront pour moi.

— Ainsi, monsieur, fit M. Bergeret frémissant, vous êtes décidé à tout faire vendre demain ? Ainsi, vous me ruinez de gaieté de cœur.

— Oh ! mon bon ami, ne faisons pas de sentiment ! Parlons clair. Lorsque vous êtes venu à moi, car c'est vous qui êtes venu à moi, et non moi qui suis allé vous chercher, je me suis tenu ce raisonnement : Je prête cinquante mille francs, mais dans six mois je recevrai le double de la somme ou j'entrerai en possession de marchandises qui me garantiront mes déboursés. Vous ne vous trouvez pas en mesure, je fais vendre. Maintenant, que vous importe que ce soit monsieur Pierre, monsieur Paul

ou moi qui rachète. Un peu de raison, que diantre !
les affaires sont les affaires !

L'excès du cynisme de son créancier fit tomber
la colère du débiteur.

Il lui dit simplement :

— Monsieur, le ton dont vous me parlez me fait
mal, et je vous prie d'en changer.

— Comme il vous plaira.

— Une dernière fois, et il articula lentement
chacun des mots qui suivirent, si vous ne voulez
pas devenir un assassin, acceptez ce que je vous
propose !

— Jamais ! s'écria Kirschmark avec véhémence.
Vous vous moqueriez de moi. Ah ! ça, pour qui
me prenez-vous ?

— Je vous prends pour un... répondit M. Bergeret en faisant un geste terrible qui s'arrêta à
moitié chemin...

— Hé ! là-bas ! faites attention, vous levez la
main sur moi... hurla l'usurier, qui opéra prudemment sa retraite. Vous me payerez cela par
dessus le marché.

— Mais, j'ai tort !... continua le père de Claire...
Vous êtes dans votre droit ; seulement, retenez
bien ceci : Je vous le jure par Dieu, qui nous voit
et nous juge tous deux : au moment où vos recors
mettront le pied dans cette maison, je me ferai
sauter la cervelle.

Kirschmark eut un sourire ironique.

6

— Allons donc! est-ce qu'on se tue? Vous dites tous la même chose! Mais, mon cher monsieur, je connais toutes ces histoires-là! — et prenant une voix de fausset, il cria : « Moi! déshonoré! perdu!... Jamais! je me tuerai! »

— Misérable!

— Oui! oui! continua le banquier de sa voix naturelle, une fois coffré on ne se tue pas du tout! On se retourne, on cherche, on intrigue, on se met en quatre et l'on finit par payer. Mon bon ami, vous voulez apprendre à un vieux singe à faire des grimaces.

M. Bergeret, immobile, pâle, écoutait tout cela comme dans un rêve.

Cette dernière raillerie le réveilla.

— Assez! fit-il. J'ai cru devoir, pour la vie de ceux que j'aime, m'humilier devant vous, mais je ne vous marchanderai pas plus longtemps la mienne. Sortez de cette maison. Les vautours n'ont rien à faire avec les vivants! Revenez dans une heure, vous trouverez un cadavre!

Kirschmark se dirigea de nouveau vers la porte, murmurant entre ses dents :

— Oh! de grandes phrases!

Puis, par un remords de conscience ou par une vague crainte, il revint vers son débiteur :

— Ah çà! continua-t-il, vous n'allez pas faire de bêtise, au moins. Avant tout, vous êtes un homme d'honneur; vous ne vous appartenez pas, tant que vous ne m'avez pas payé.

M. Bergeret lui fit signe de sortir.

Et comme l'autre allait parler de nouveau, il lui dit sourdement :

— Allez-vous-en, et bien vous en prendra! Votre refus me rend libre! Souvenez-vous de mes paroles. Ce que j'ai dit, je le ferai.

— Le plus souvent!

— Partez! Ne me forcez pas à vous prouver que je suis encore chez moi, et que j'ai le droit de vous chasser!

Kirschmark était sur le pas de la porte.

— C'est bon! on s'en va! répliqua-t-il.

Il hésita un moment, murmura un : Ah bah! est-ce qu'on se tue? plein d'un doute railleur, et sortit en ajoutant :

— Je m'en vais, je m'en vais... Vous serez plus coulant tout à l'heure.

Au moment où Kirschmark refermait derrière lui la porte du salon de M. Bergeret, une main tremblante lui saisit le bras, et une voix plus tremblante encore que la main lui souffla dans l'oreille ces trois mots :

— Par grâce, venez!

Le banquier se retourna.

Et il suivit la personne qui venait de lui adresser cette prière.

VI

Journal d'une jeune fille (suite). — **Débuts de Kirschmark dans la banque.**

Demeuré seul, l'infortuné commerçant eut comme un éblouissement qui le força de s'appuyer au premier meuble à la portée de sa main.

Il réfléchit un moment.

Il comprit que tout était fini pour lui.

Alors, allant à un bureau qui se trouvait dans l'angle du salon, il en ouvrit le tiroir intérieur et y prit deux pistolets dont il vérifia les amorces.

Ces pistolets, il les posa sur le bureau, à sa droite; et, ouvrant un buvard, il se mit à écrire:

« Amie, adieu pour toujours.

« L'homme que tu estimes et que tu aimes ne doit pas vivre déshonoré!

« Je me tue, parce que je ne peux plus rien pour toi.

« Depuis dix ans tu m'as rendu heureux!

« Ma consolation, à cette heure suprême, est de penser que tu ne m'as jamais causé un moment d'amertume.

« Sois bénie! toi et l'enfant que tu m'as donnée!

« Vis pour ta fille, et un jour dis-lui que son père est mort pour lui laisser un nom sans tache! »

Il signa, murmurant des mots sans suite...

— Sans tache!... oui! La mort épure tout.

Prenant les armes sur le bureau, il les plaça dans une des poches de sa redingote, qu'il eut soin de boutonner.

— Non! non... pensait-il, et de temps à autre il énonçait tout haut une partie de ses pensées... Ce misérable usurier mentait en prétendant qu'on ne se tue pas!... Je ne tremblerai pas au dernier moment!... Depuis longtemps déjà, mon esprit s'est familiarisé avec l'idée de la mort.

Il se promenait à grands pas.

— Vienne le signal, maintenant! je suis prêt.

Ici, un bruit léger se fit entendre à la porte par laquelle Mme Bergeret était sortie.

— Pauvre Louise! c'est elle... je l'oubliais. Elle attend que je la rappelle.

Il ouvrit.

Louise entra.

La pauvre femme tremblait, se soutenant à peine.

Elle venait de subir un rude assaut.

Placée derrière la porte de communication qui séparait sa chambre du salon, elle avait écouté, anxieuse, agenouillée presque, l'entretien de son mari et de Kirschmark.

Tant que les deux hommes n'avaient fait que débattre leurs intérêts, elle s'était contentée de prier. Mais au moment où M. Bergeret, désespéré par l'insensibilité de son créancier, lui jura de se tuer, elle comprit que tout était perdu.

Rien ne lui coûta.

Malgré la défense qui lui en avait été faite, elle se précipita dans un couloir de dégagement, arriva assez à temps pour arrêter le banquier usurier.

Elle l'entraîna dans une pièce retirée.

Là, ce que l'affection, la tendresse conjugale peuvent inspirer d'ardentes prières et de convaincantes protestations, son amour pour son mari le lui inspira.

Elle se roula aux pieds de cet homme, qui tenait la vie de tous les siens dans un *oui* ou un *non*.

Il la laissa parler, pleurer, prier !

Il la regardait et la trouvait belle.

Plus belle que sa maîtresse ordinaire, plus belle que les courtisanes de hasard après lesquelles il courait dès que ses affaires lui laissaient quelque répit.

Il le lui dit.

La pauvre femme le laissa dire.

Elle n'attendait qu'une réponse, et tout ce qui

n'était pas cette réponse ne lui semblait pas avoir de signification.

Elle redoubla ses supplications.

— Vous demandez un *oui*. Soit, j'accorderai un délai, je donnerai du temps, tout le temps qu'il vous plaira.....

Et comme elle se penchait, haletante de joie, pour lui saisir les deux mains et les couvrir de baisers, le monstre ajouta :

— Mais c'est un *oui* aussi que je vous demande.

Mme Bergeret ne comprenait pas.

Il se fit comprendre.

Oh! ce ne fut pas long!

La femme suppliante disparut.

La mère se redressa de toute sa hauteur.

Et, ortes de leur sainte dignité, de leur infortune imméritée, la femme et la mère, représentées toutes deux par cette vertueuse créature, crachèrent son infamie à la face du hideux bandit qui vendait l'honneur commercial de l'époux au prix de l'honneur conjugal et maternel de l'épouse.

Kirschmark se retira au comble de la rage.

Ainsi la démarche tentée par Mme Bergeret tournait au détriment de l'homme pour qui elle eût sacrifié sa vie, mais sa vie seulement!

Le créancier parti, elle avait couru chez elle, ouvert des tiroirs, pris quelques écrins, et elle avait écouté de nouveau ce qui se passait dans le salon.

Son mari écrivait.

Elle attendit, puis elle frappa.

Quand M. Bergeret vint lui ouvrir, elle se précipita dans ses bras.

Et tout deux se mirent à sangloter.

Mais ce n'était pas le moment de se livrer à un stérile désespoir.

Louise fut la première qui revint au sentiment de leur cruelle situation.

Elle eut le sang-froid de feindre l'ignorance la plus complète au sujet de tous les détails de sa conversation avec le banquier.

— Eh bien, mon ami? lui demanda-t-elle.

— Du courage! répondit M. Bergeret.

— Tes prières?...

— Sont tombées sur un cœur de pierre.

— Oui, oui, mais je veux tout savoir, dis-moi jusqu'où va notre malheur? Qu'as-tu obtenu?

— Rien.

— Quoi! pas un délai?

— Il m'a donné une heure.

— Une heure? et après?

— Après? Il faudra me tenir à la disposition des gardes du commerce.

La malheureuse femme lui mit la main sur la bouche en lui criant, dans le plus grand désordre :

— Non, non, n'achève pas... Une heure! et il y a déjà longtemps qu'il est parti! et dans quelques minutes on viendra te chercher... t'arracher de mes bras, Bergeret!... Oh! non, je ne veux pas que tu ailles en prison, je ne le veux pas!

Lui l'entourait de ses bras et lui répondait, sombre et résolu :

— Je ne le veux pas non plus, moi.

Elle allait lui crier :

— Tu vas te tuer, tue-moi d'abord!

Mais la prudence lui ferma les lèvres.

Il se serait douté qu'elle avait tout entendu. Il se méfierait d'elle. Elle se tut.

Son mari reprit :

— Voyons, Louise, écoute-moi. On va venir saisir tout ce qui nous appartient, tout ce qu'il y a ici.

— Eh bien?

— Il ne faut pas que tu assistes à ce triste spectacle. Je ne veux pas qu'on te trouve ici. Quitte cette maison.

Louise le regarda bien en face et lui dit vivement :

— Avec toi... oui... à l'instant, partons!

M. Bergeret fit un geste d'impatience; mais à la vue du visage désolé de celle qu'il aimait tant, il leva les yeux au ciel et continua :

— Pars avec Claire, avec notre fille. Va chez ta sœur. Je vous y ferai tenir de mes nouvelles au plus tôt.

— Et toi?

Ces deux mots, dits avec toute la tendresse

d'une femme qui connaît sa puissance si longtemps éprouvée, lui donnèrent le frisson.

Il se détourna pour reprendre son sang-froid et repartit :

— Moi... tu le comprends bien... il faut que je me cache...

— Oui !... répondait machinalement la pauvre femme.

— Si je vous suivais, on me trouverait sans peine.

— Oui, oui !... C'est juste !

Et elle sortait des poches de sa robe les écrins qu'elle avait pris dans sa commode.

— Que tiens-tu là ! demanda M. Bergeret.

— Rien ! je ne sais pas... Ah ! oui... répondit Louise presque affolée par la terrible pensée qu'il allait falloir quitter son mari. Mon écrin, mes diamants ! ceux que tu mis dans ma corbeille de mariage.

— Ah ! Et que veux-tu en faire ?

— Ce que je... moi... mais rien... Je te les apportais... Si tu les avais proposés, offerts à cet homme, peut-être aurait-il pris patience... Il en est temps encore... offre-les-lui.

Le mari prit sa femme entre ses bras, et, la pressant contre son cœur, il lui dit :

— Cher ange, ces bijoux, réunis à tout ce que je possède, ne feraient pas la moitié de la somme due... et mon créancier veut tout.

— Alors... prend-les... vends-les.

— Non.

— Tu en auras besoin, insistait Louise. Nous, nous serons chez ma sœur; il ne nous manquera rien.

— Pauvre amie! ces diamants, derniers reflets d'un bonheur évanoui, d'un passé perdu pour toujours, ces diamants ne nous appartiennent pas.

— Grand Dieu! fit la pauvre femme en laissant tomber les écrins...

— Tout ce que nous possédons est le gage de mon créancier. Il serait coupable d'en détourner la moindre partie.

Elle se résigna.

— Tu as raison, mon ami. Je t'obéirai... je quitterai la maison avec Claire... mais tu vas partir avant moi.

— Oui! oui!... répondit Bergeret, en cherchant à calmer l'exaltation qui envahissait sa compagne.

— Nous, nous irons... où cela?... au fait... où faut-il aller?... Je ne sais plus bien, moi!

Mme Bergeret finissait à peine cette phrase, qu'on sonna violemment à la porte d'entrée.

Mme Bergeret fit un mouvement et se rapprocha de son mari.

— On a sonné! murmura-t-elle d'une voix si basse qu'il ne l'entendit pas.

— On a sonné! — Eux, déjà! pensa le malheureux.

On entendit le bruit de la porte donnant sur le palier, qui se refermait.

La femme de chambre parut. Elle tenait la petite Claire par la main.

Elle était émue, elle balbutiait :

— Madame, il y a là des personnes qui demandent monsieur !...

M. Bergeret allait sortir.

Sa femme le retint.

— C'est bien... dit-elle à la domestique... laissez-nous... et priez ces personnes d'attendre quelques instants...

— Mais...

— Sortez !... Claire, reste ici.

La femme de chambre obéit. L'enfant resta.

Louise se précipita vers la porte du fond par laquelle sa femme de chambre venait de se retirer, et elle poussa le verrou.

La petite Claire regardait sans comprendre la grandeur de l'infortune qui s'appesantissait sur sa famille.

Cependant, elle ne perdit pas un détail de cette triste scène.

Tandis que sa mère poussait le verrou, elle courut à son père, immobile, et comme frappé de la foudre.

Les baisers de sa fille le tirèrent de son accablement.

Il vit ce qui occupait sa femme.

7

— Louise, que fais-tu là? s'écria-t-il.

Elle lui répondit tout bas :

— N'as-tu pas entendu?

— Quoi?

— Ils sont là!

— Ne devaient-ils pas venir? répliqua M. Bergeret douloureusement.

— Oui... mais tu...

— Ma Louise! mon ange adoré! mon plus grand tourment, à cette heure suprême, est de te voir près de moi.

— Tais-toi! Je ne donnerais pas ma place, près de toi, pour une éternité... Bergeret, il faut partir, partir tous deux!

— Impossible! fit l'homme. Il faut user de ruse, pour que je ne tombe pas entre leurs mains!

— Parle!

— Écoute! Je vais entrer dans ma chambre...

— Après?

— Dès que j'y serai, tu ouvriras aux agents de ce misérable Jacob Kirschmark...

— Leur ouvrir!...

— Oui!

Elle allait répondre que mieux valait laisser enfoncer la porte, qu'elle se ferait tuer plutôt que de leur permettre d'arriver jusqu'à lui; mais on frappa, et une voix forte et lente prononça distinctement ces mots irrésistibles :

— Ouvrez! au nom de la loi!

M. Bergeret fit un signe.

Louise comprit.

Elle se dirigea vers le fond du salon et répondit :

— J'ouvre, messieurs, j'ouvre.

Ses jambes ne la soutenaient plus.

Elle s'assit en murmurant :

— J'ai peur !

Les émotions successives par lesquelles passait sa pauvre tête réagissaient sur ce cœur si fort, si dévoué.

Pendant ce mouvement, le père saisissait sa fille et l'embrassait convulsivement.

L'enfant ne disait rien.

Elle regardait son père d'un air grave, qui témoignait de la précocité de son intelligence.

Louise s'apercevant du désespoir muet de son mari, se releva et revint sur ses pas :

— Bergeret, lui dit-elle, pourquoi veux-tu que j'ouvre cette porte ?

— Ces gens veulent m'arrêter, tu le sais.

— Eh bien ?

— Retiens-les quelques instants. Attire-les ici.

— Et pendant ce temps-là ?

— Tu m'as compris. Je descends par la fenêtre de ma chambre, qui se trouve à peine à quelques pieds du sol.

— Si cela se pouvait !...

— Cela se pourra, et je serai sauvé !

— Sauvé !... va !...

Et elle le poussait d'une main.

Mais soudain elle le retint de l'autre :

— Ah! fit-elle avec un désespoir croissant, mais je m'en souviens... tout à l'heure tu refusais de fuir.

— Tout à l'heure?

— Oui... ne dis pas non... J'en suis sûre...

— J'ai changé d'idée!

— Tu me le jures?

— Louise, ouvre cette porte, lui dit son mari avec autorité.

— Bergeret, tu me trompes! répondit-elle, avec des accents qui eussent déchiré le cœur d'un homme moins résolu.

— Ouvre cette porte, je t'en prie.

La lumière se faisait dans le cerveau de la malheureuse.

— Bergeret, tu mens!

S'armant de toute l'influence qu'il pouvait avoir sur cette créature qui n'avait jamais vécu que par lui et pour lui, il ajouta :

— Louise, ouvrez cette porte, je vous l'ordonne!...

Louise, courbée sous cette volonté respectée, sentit toute résistance se fondre.

Elle se dirigea vers la porte fatale.

Bergeret passa rapidement dans la chambre.

L'enfant regardait, immobile.

La même voix répéta du dehors :

— De par la loi et justice, ouvrez!

Louise allait obéir à l'ordre de son mari, aux injonctions de cette voix redoutable, quand la petite Claire, qui se trouvait près du bureau sur lequel Bergeret avait laissé sa lettre tout ouverte, l'aperçut.

Elle prit la lettre et la porta à sa mère.

Parcourir cette lettre d'un rapide coup d'œil, pousser un cri désespéré et se précipiter vers la chambre de son mari, fut pour elle l'affaire d'une seconde.

Un coup de feu retentit au moment où elle y mettait le pied.

Puis, plus rien !

Pas de cris, pas de pleurs !

Le silence du cimetière.

La mort de l'homme, l'évanouissement de la femme firent succéder un calme profond aux orages, à la tourmente de la scène que nous venons de décrire.

Au bruit du coup de pistolet, après une troisième sommation, les gardes du commerce attaquèrent la porte du fond.

L'enfant, éperdue, pâle, hors d'elle-même, mais cherchant à voir et à savoir, se tenait là entre les deux portes, sans oser entrer dans la chambre de son père, sans vouloir ouvrir aux gens qui faisaient pleurer sa mère !

La porte du salon tomba.

Les recors, qui venaient de l'enfoncer, pénétrèrent dans cet intérieur qui, rayonnant de vie et de bonheur la veille encore, *sentait* aujourd'hui la misère et la mort.

La petite Claire les considérait, tout effarée.

— Le sieur Charles Bergeret est-il ici, mon enfant ? demanda l'agent en chef, en adoucissant de son mieux sa voix rogommeuse.

— Papa ! Vous voulez voir papa ? — Il est là, avec maman.

Et elle montrait la chambre mortuaire.

Il y eut une seconde d'hésitation chez ces hommes, qui pourtant n'ont guère l'âme bien tendre.

Ils avaient d'abord cru à une comédie, à une farce de débiteur aux abois.

La farce dégénérait en drame sanglant.

L'agent en chef entra dans la chambre de M. Bergeret.

Les autres agents suivirent.

Au spectacle qui frappa leurs yeux, ils se découvrirent tous.

Le père, l'homme, le commerçant, le mari, était étendu tout de son long, mort d'un coup de pistolet en plein cœur.

La femme, la mère gisait sans connaissance, le visage baigné dans le sang qui coulait de la blessure de son mari.

Profitant du silence de tous ces hommes qui avaient le verbe si haut peu d'instants auparavant, Claire s'était glissée jusqu'à sa mère, et l'appelant de toutes ses forces :

— Maman! maman! réveille-toi! criait-elle.

Et elle s'agenouillait à ses côtés, et elle lui baisait les mains.

Le commissaire de police constata la mort de M. Bergeret.

Puis, grâce aux soins donnés à sa femme, on parvint à lui faire reprendre connaissance.

Mais son premier regard que, dans un reste d'égarement, elle dirigea vers cette porte terrible, tomba sur la tête inquiète et curieuse de Kirschmark.

L'infâme usurier, le libertin rancunier, avait calculé le temps qu'il fallait à ses agents pour exécuter ses ordres, et il venait savourer le plaisir de sa basse vengeance; il venait faire prendre à son amour-propre blessé un bain de larmes et de sanglots.

Ce fut un bain de sang qu'il trouva préparé.

Et comme stupéfait par ce spectacle inattendu, incroyable, il demeurait cloué sur le seuil de cette demeure, faite veuve et orpheline par lui, un cri d'horreur vint lui déchirer les entrailles.

C'était la femme de sa victime qui venait de le pousser.

Il voulut s'en aller.

Les jambes lui manquèrent.

Puis, une force magnétique le retenait là, haletant, éperdu, voulant voir jusqu'au bout.

Il vit Mme Bergeret se lever sans secours, prendre son enfant par la main, la traîner jusqu'à lui, étendre le bras vers lui et s'écrier :

— Claire, mon enfant, tu vois cet homme...

L'enfant répondit :

— Oui.

La mère continua :

— Regarde-le ! regarde-le bien... et souviens-toi !.... C'est l'assassin de ton père !

Ce fut tout.

Le lendemain, la veuve de Charles Bergeret était folle, et sa fille mendiait pour lui avoir du pain.

Le manuscrit s'arrêtait là.

VII

La piste de M. Jules.

En dehors de ce qu'il appelait les *affaires*, M. Jules avait la prétention de vivre comme tout le monde.

Méticuleux, tatillon et méthodique comme un vieil employé de ministère qui voit poindre l'aurore bénie de sa retraite, il servait d'horloge à tous ses pauvres voisins.

Été comme hiver, au premier coup de sept heures, il mettait son passe-partout dans sa serrure; au dernier, il était assis devant sa table-bureau, et se prélassait dans son large fauteuil recouvert en cuir.

L'après-midi, à quatre heures précises dans la semaine, à deux le dimanche, il se levait, quittait son cabinet, et laissait M. Piquoiseux, son secrétaire, se débrouiller avec les toiles d'araignées et les criailleries de ses clients ou de ses agents, fatigués de se morfondre.

Ensuite, majestueusement, dans la plénitude de ses facultés et de son importance, à pied, par le beau temps ou par la pluie, il regagnait *son* boulevard.

Le boulevard du Temple, avec son groupe de théâtres, avec ses arbres, ses bancs, ses marchands de pommes, d'oranges et de sucre d'orge, était le boulevard de l'honnête M. Jules.

Son appartement était situé au deuxième étage, dans une maison d'assez belle apparence, à deux pas du Petit-Lazary.

Rentré chez lui, il parcourait quelques lettres que son concierge lui remettait, il faisait un *bout* de toilette, et descendait prendre sa récréation au café Turc.

Cette récréation durait de quatre heures et demie à six heures.

C'était une belle et bonne partie de *dominos* avec trois vieux rentiers, toujours les mêmes, qui ignoraient à quel formidable partenaire ils avaient à faire.

A six heures, il dînait... quand il dînait.

Un de ses agents racontait l'avoir vu rester cinquante-six heures sur pied, sans manger ni dormir, pour ne pas perdre une piste qu'il croyait tenir.

La piste était fausse.

Il rentra chez lui, mangea pour trois jours, dormit quatre heures et recommença le lendemain.

Cette fois-là avec succès.

Après dîner, il rentrait dans sa *peau d'agent de police* — expression énergique affectionnée par lui — et alors Dieu sait quelles œuvres, bonnes ou mauvaises, mais toujours ténébreuses, il accomplissait !

Or le dimanche gras, à deux heures sonnantes, M. Jules quitta son fauteuil-curule, ferma secrétaire, armoires, cartonniers, et, traversant le couloir secret dont lui seul avait la clef, il se trouva dans la rue des Noyers.

Comme de coutume, il gagna le boulevard du Temple et rentra chez lui.

Comme de coutume aussi, il changea de vêtements et redescendit peu d'instants après.

Seulement, ce jour-là, le double-six et le double-blanc n'eurent pas sur lui l'influence et l'attrait nécessaires pour lui faire traverser la chaussée dans la direction du café Turc, où ses joueurs ordinaires l'attendirent vainement.

Il tourna à droite, et suivit le boulevard du Temple, se dirigeant vers la porte Saint-Martin.

La fumée de son cigare voltigeait autour de sa tête, prenant les formes les plus fantaisistes.

Sa canne, vrai rotin de bâtonniste, décrivait des huit et des roses d'une vitesse fantastique dans les airs.

Ses lèvres, tout en s'humectant de l'arome humide de son cigare, chantonnaient une chanson quelconque.

M. Jules, aux yeux de chacun, n'était pas autre chose qu'un brave employé, heureux de *faire* son dimanche.

Il badaudait, il flânait à ravir.

Tout était innocent dans sa personne, sauf son diable d'œil, qui ne pouvait s'empêcher, quoi qu'il en eût, detourner à droite, à gauche, devant, derrière, et de regarder de temps à autre tout à l'entour de sa tête.

A la hauteur du café *Hainsselain*, au coin de la rue du Faubourg-du-Temple, l'ex-chef de la police de sûreté se sentit suivi.

Pour lui, se *sentir* épier c'était l'être.

Cinq minutes après son doute se changeait en certitude.

Il ne se donna même pas la peine de marcher soit un peu plus vite, soit plus lentement, de rebrousser chemin ou de changer de trottoir, d'entrer dans une des nombreuses maisons du boulevard Saint-Martin qui toutes ont deux issues, l'une sur le boulevard même, l'autre dans la rue de Bondy.

Non pas.

Arrivé devant le théâtre de l'Ambigu-Comique, il s'arrêta, bien à son aise, tout naturellement, pour lire l'affiche du spectacle du jour.

On s'arrêta aussi.

M. Jules n'était pas homme à se laisser intimider ou surprendre.

Doué d'une force corporelle peu commune et d'une bravoure à toute épreuve, il ne s'étonnait de rien.

Rien ne l'effrayait.

Aussi son parti fut-il vite pris.

Faisant demi-tour à droite avec la plus magistrale lenteur, il se trouva nez à nez avec la personne qui semblait s'être donné la tâche de s'attacher à ses pas.

Cette personne était celle d'un ouvrier assez proprement endimanché.

Au mouvement de l'agent de police, qui était pourtant assez significatif, l'ouvrier ne broncha pas.

— Monsieur, dit le premier en ôtant poliment son chapeau, regarde l'affiche de ce soir, pour savoir à quelle heure commence le spectacle ?

— Moi ? non, répondit le second.

— Monsieur a-t-il vu la *Closerie des Genêts* ?

— Pas encore.

— C'est un drame superbe, monsieur.

— Ah !

— Oui, et pour peu que monsieur le désire,

nous irons le voir ensemble ce soir, monsieur ayant l'air de désirer passer la soirée avec moi.

— Merci bien, monsieur Jules, fit l'ouvrier en riant, mais je n'ai pas le cœur au théâtre pour le quart d'heure.

— Hein? fit de son côté l'agent, en entendant prononcer son nom. Tu me connais, l'ami?

— Faut croire, repartit l'autre en s'inclinant humblement devant lui. Qui est-ce qui ne connaît pas le soleil?

La flatterie était grosse comme un potiron et vieille comme Mathusalem, mais quelle est la flatterie à laquelle on ne se laisse pas prendre?

Notre héros ne chercha même pas à résister.

Il se sentit même tellement désarmé par l'humilité adulatrice de cette comparaison exagérée, qu'il renonça à continuer la plaisanterie avec son espion,

— Ah! tu me connais? répéta-t-il, et depuis quand?

— Depuis bien longtemps, monsieur Jules.

— Ton nom?

— Filoche, pour vous servir.

— Filoche?

— Lui-même.

— Filoche! continua l'ex-agent, avec un vif mouvement de satisfaction, un de mes vieux, un de mes bons!

— Oui, monsieur Jules, et je vous avouerai même que ça m'humilie crânement de ne pas avoir été reconnu par vous.

— Il ne faut pas t'en chagriner, ma vieille, j'étais un peu distrait et tu es un peu changé : voilà quelque dix ans que je t'ai perdu de vue.

— A peu près.

— Tu t'es fait une tête d'honnête homme.

— Je suis l'homme de ma tête, répondit Filoche en soutenant fièrement le regard scrutateur de son ancien chef.

— Tant mieux, mon garçon, tant mieux. Seulement, il ne faut pas t'étonner qu'on se donne le temps de la réflexion en te *reluquant* à nouveau. Que fais-tu à présent ?

— Je débarde.

— Ah !

— Et j'évite les trains de bois.

— Fichu métier ! mon gars, pour un homme intelligent comme toi, fit M. Jules, avec une moue expressive.

— Fichu métier, possible ! Mais il faut manger, et ce métier-là me nourrit tout de même.

— Alors tu ne te plains pas ?

— A quoi ça me servirait-il.

— C'est juste. Je n'ai plus rien à te dire. Viens me voir un de ces matins, nous recauserons. Adieu, mon garçon.

Et M. Jules, pensant que Filoche ne l'avait suivi et arrêté que pour opérer cette touchante reconnaissance, lui fit un geste de la main, et se prépara à reprendre sa marche.

Cette retraite subite ne laissa pas de décontenancer Filoche, qui, après une hésitation d'une seconde, prit son courage à deux mains, et le rattrapa vivement.

— Je vais vous dire, monsieur Jules, reprit-il d'une voix embarrassée.

— C'est encore toi !

— Je voudrais causer avec vous de...

— De quoi ?

— De quelque chose de pressé.

— Sapristi ! c'est que je le suis aussi diantrement pressé ! répliqua l'ex-agent en consultant sa montre, qui marquait trois heures et demie.

— Voilà une demi-heure que je vous suis.

— Je m'en suis bien aperçu. Viens demain matin à mon agence, rue...

— Des Noyers, 7. Merci j'en arrive.

— Ah ! Enfin, qu'y a-t-il ?

— Une commission dont on m'a chargé.

— Pour moi ?

— Pour vous.

— Et qui t'envoie ?

— Quant à ça !... je serais bien embarrassé de vous le dire.

— Imbécile ! s'écria M. Jules, qui marchait toujours.

— Foi d'homme ! repartit l'autre, c'est un particulier que j'ai repêché, cette nuit, au-dessous du pont d'Iéna.

— Hein?

— Ficelé comme un saucisson.

— Dans une couverture de cheval, et blessé, continua M. Jules stupéfait d'une telle coïncidence.

— Le corps criblé comme une écumoire.

— Ce n'est pas possible! murmurait l'agent, ce n'est pas...

— Possible... Si fait, monsieur Jules, c'est la pure vérité. On venait de le jeter du haut du pont, quand j'ai eu la chance de l'agrafer avec une gaffe, et de le hâler à bord du train.

— Attends, fit l'agent, qui héla une voiture et y fit monter Filoche.

— Cause maintenant, ajouta-t-il, je vais allée des Veuves.

— Comme ça se trouve, répondit joyeusement le débardeur, c'est sur ma route.

— Tu disais donc que tu avais repêché ce particulier sur les?... Au fait, à quelle heure l'as-tu donc repêché?

— Vers une heure du matin.

— Qu'en as-tu fait?

— Dame! dit Filoche en hochant la tête, pas grand'chose! Il n'en *menait pas large*, et je ne sais pas trop s'il en reviendra. C'est une justice à rendre aux *frangins* qui s'en sont mêlés, il a été arrangé de main de maître.

— Vraiment! grommela M. Jules de plus en plus intrigué.

— Oui, il faut convenir que pour ne pas encore avoir rendu l'âme, il doit l'avoir rudement chevillée dans le corps. C'est un rude mâle, oui!

— Bien, bien, bavard! Où l'as-tu mis, maintenant?

— Chez moi. Je l'ai transporté avec l'aide de deux vieux *camaraux*. Nous l'avons mis dans un fiacre, et voilà?

— Qui le soigne?

— Fifine.

— Qui ça, Fifine?

— L'ancienne à Buteux, qui *tire* cinq *longes* à Rochefort.

— Tu vis donc avec elle aujourd'hui?

— Dame, fit le débardeur, qui baissait les yeux d'un air modeste.

— Voyons la commisssion, ajouta M. Jules, ne pouvant s'empêcher de trouver que son ex-subordonné n'était pas d'une délicatesse outrecuidante.

— C'est le blessé qui me l'a donnée, quoi? Lorsque je l'ai eu couché, il a repris connaissance et s'est mis à prononcer votre nom.

— Hum! ce doit-être quelque *cheval* de retour.

— Ça m'en avait toute la chanson. Aussi, je me suis intéressé à son malheureux sort!

M. Jules sourit.

— Alors? demanda-t-il.

— Alors, je lui ai *allongé* votre nom. C'est étonnant comme ça vous a paru lui faire plaisir.

— Merci, Filoche.

— Pardon, excuse, monsieur Jules, l'intention n'y était pas...

— Va, va toujours.

— Comme mon bonhomme ne parle qu'avec une difficulté énorme, à cause du sang qu'il a perdu, j'ai été assez longtemps à comprendre ce qu'il voulait de moi.

— Enfin? dit l'agent de police avec impatience?

— Il ouvrait des yeux grands comme sa bouche, de l'effort qu'il faisait pour que je le comprenne. Je me mis à suivre la direction de son regard, j'aperçus à mes pieds...

— Quoi donc? quoi?

— Un mignon calepin, tout doré, qui s'était échappé d'une de ses poches.

— Un calepin! L'as-tu là?

— Pardi! oui! puisque, après des efforts incroyables, mon noyé est parvenu à murmurer à peu près clairement ces trois mots : Pour M. Jules.

— Pour moi?

— Oui.

— Donne.

— Le voici, dit Filoche en retirant de la poche de son pantalon un petit carnet en écaille incrustée d'or.

M. Jules le lui arracha des mains, l'ouvrit et se mit à le feuilleter avec une rapidité fébrile.

Filoche, sans en avoir l'air, le regardait en dessous, et ne perdait pas une des sensations qui se peignaient sur ses traits énergiques.

L'étonnement, la colère, puis une joie mal contenue s'y succédèrent.

Son examen achevé, l'ex-agent, fixant ses yeux sur ceux du débardeur de façon à fouiller chacune de ses pensées, reprit :

— Voyons, mon garçon, tu ne *planques* pas. On ne se moque pas de moi, on ne fait pas joujou impunément avec moi ! Tu m'as bien raconté toute la vérité? L'homme...

— Repêché, foi de bon *zig*.

— Il est chez toi?

— Soigné par Fifine.

— Si tu dis vrai, je...

— Pourquoi voulez-vous que je vous conte des blagues?

— Tu as raison... Ah! maître Rifflard! maître Rifflard! murmurait à part lui M. Jules, qui pensait que l'ouvrier cambreur avait voulu tout simplement se moquer de lui.

— Rifflard? interrogea Filoche avec la plus parfaite innocence.

— Rien, répliqua vivement l'agent, qui reconnut s'être oublié. Où *perches*-tu?

— Rue des Batailles, à Chaillot.

— Numéro?

— Quatre, le chapeau du commissaire, ajouta gaiement le débardeur.

Mais M. Jules ne se trouvait pas en train de rire, il cria rageusement au cocher :

— Cocher, 4, rue des Batailles, à Chaillot... et raide !

Tant bien que mal on arriva en un quart d'heure.

A quatre heures moins le quart, le fiacre s'arrêta devant le numéro 4 de la rue des Batailles, espèce de masure à six étages, qui se tenait debout par un miracle d'équilibre.

— Allons, leste ! dit M. Jules, qui n'avait plus desserré les dents pendant ce dernier trajet. Est-ce bien haut ?

— Au premier, au *dessous* de l'entresol, en descendant du paradis, répondit Filoche.

— Et il y a six étages !

Ils montèrent.

L'intérieur de la maison répondait à son extérieur, un vrai coupe-gorge.

L'ex-agent jurait comme un païen en posant le pied sur les marches visqueuses de l'échelle de meunier que Filoche montait avec l'assurance donnée par l'habitude.

Enfin, après avoir grimpé environ cent vingt marches, c'est-à-dire après avoir risqué cent vingt fois de se rompre le cou, ils prirent pied sur un palier étroit, obscur, aboutissant à deux portes placées en face l'une de l'autre.

— Nous y sommes, fit le débardeur.

— Tonnerre ! si l'appartement répond à l'escalier, ça doit être du propre !

— Dame ! monsieur Jules, on n'habite pas un palais, mais on paye son terme exactement.

— Quelle chance pour le propriétaire ! grommela ce dernier, qui, tout en ayant visité les réduits les plus infimes et les plus infâmes de Paris et de la banlieue, n'avait jamais rencontré une décrépitude, un délabrement aussi complets.

Filoche tira une ficelle qui servait de loquet.

La porte de gauche s'ouvrit.

— Passez, monsieur Jules.

Ils pénétrèrent dans une mansarde sale, dégoûtante, dégarnie de meubles, où les quatre vents cardinaux devaient se donner rendez-vous dans leurs moments perdus.

Au milieu de ce grenier, sur une paillasse posée à terre, un homme se trouvait étendu avec tous les égards dus à sa situation précaire.

Cet homme, pâle comme un cadavre, dormait d'un sommeil profond.

L'ex-agent le reconnut du premier coup d'œil.

C'était le comte de Mauclerc.

Lui, le lion, lui, le dandy, lui, la fleur-des-pois des viveurs de son temps, vautré sur un immonde grabat, sauvé et soigné par les derniers de ces misérables sur lesquels il daignait à peine laisser tomber un regard du haut de son tilbury ou de son pur-sang !

Allons! allons! la Providence fait bien les choses, quand il lui plaît de s'en donner la peine.

C'étaient là les réflexions qui trottaient à travers la tête de notre visiteur, qui, tout en réfléchissant aux vicissitudes de ce monde sublunaire, n'en continuait pas moins l'inspection du réduit dans lequel il venait de s'introduire.

Une femme en haillons, aux cheveux jaunes et ébouriffés, aux angles atrophiés par la misère et la débauche, se tenait assise auprès du blessé.

Souvenir vivant des *Tricoteuses* de la Terreur, elle achevait un bas de laine, tout en surveillant un mauvais poëlon qui chantait faux sur un réchaud en terre.

Une lampe fumeuse éclairait tant bien que mal ce taudis fantastique.

Au bruit fait par les arrivants, la femme se retourna vivement.

Elle aperçut M. Jules.

Un éclair de joie vint illuminer son visage flétri, et elle se leva avec empressement.

L'ex-agent lui fit signe de se replacer sur l'escabeau qui lui servait de siége.

— Ne bougez pas, dit-il à voix basse; ne réveillez pas le blessé.

— Vous ne voulez donc pas lui parler? demanda Filoche.

— Plus tard. En ce moment, son réveil ne me

serait d'aucune utilité. Je l'ai vu. Je me suis assuré que c'était bien lui. Cela me suffit.

Et comme la femme insistait du geste pour réveiller le comte de Mauclerc.

— Non, reprit-il avec énergie, la moindre émotion lui serait funeste. Vous me le tueriez, et je veux qu'il vive.

Filoche et sa compagne ne comprirent pas la sombre portée de ces dernières paroles.

Fifine — c'était le nom de la mégère — lui répondit :

— Vous allez attendre, pour lui parler ?

Et elle lui avançait une chaise dépaillée, la seule de la mansarde.

— Non, je m'en vais.

— Tout de suite ? continua-t-elle d'un air mécontent.

— Oui. Pour le moment, je n'ai rien à faire ici.

— Vous reviendrez, alors ?

— Dans peu de temps, soyez tranquille.

Fifine regarda Filoche et baissa la tête sans répliquer.

Celui-ci fit timidement observer à M. Jules qu'à son réveil le blessé ne serait peut-être pas satisfait de ne pas avoir été réveillé pour s'entendre avec lui.

Ce n'était pas l'opinion de l'ex-chef de la police de sûreté, qui les entraîna sur le palier, où il leur parla tout à son aise.

Après leur avoir répété que, momentanément, la vue du comte de Mauclerc blessé lui suffisait, il ajouta :

— Maintenant, mes agneaux, écoutez-moi bien, si vous ne voulez pas avant quarante-huit heures être *emballés* de nouveau et retourner au *pré*, dont vous faisiez le plus bel ornement, il y a à peine quelques petites années...

— On sait ça... répondit sourdement la femme, en devenant un peu plus pâle... on sait ça comme vous...

— Tu dis ?

— On s'y est rencontré avec vous, monsieur Jules, et on ne l'a pas oublié.

Un éclair de rage sortit de l'œil de l'ex-agent. Il regarda tour à tour Fifine et Filoche, puis voyant qu'il n'y avait pas moyen de rabaisser le caquet de la femme et de relever le museau narquoisement baissé de l'homme, il ajouta :

— Bien, la mère ! toujours la même. A l'occasion, je m'en souviendrai.

— Ne nous menacez pas, alors, grogna celle-ci.

— Nous sommes de bons *zigs*, patron, continua Filoche, qui lui donnait ce titre pour le désarmer.

Il réussit à moitié.

— Je ne vous menace pas, mes enfants, reprit M. Jules, je vous avertis. Voilà tout.

— Un bon averti en vaut deux ! murmura Fifine.

— Elle parle aussi bien que du temps de Buteux, interrompit ironiquement l'ex-agent.

Fifine le regarda de travers.

Il ne fit qu'en rire.

— Répondez-moi ! dit-il avec autorité.

— Vous n'avez qu'à parler.

— Quelqu'un sait-il que ce particulier a été recueilli par toi, Filoche ?

— Personne.

— Personne... de la maison ?

— Je l'ai amené et monté la nuit passée. Il n'y avait pas un chat dans l'escalier.

— Qui habite cette maison ?

— Des ouvriers des ports, déchargeurs ou débardeurs, comme moi trop fatigués de leur journée pour s'inquiéter de la nuit de leurs voisins.

— C'est bien. Mais on t'a aidé pour transporter le blessé jusqu'ici ?

— Deux camarades.

— Imbécile ! fit M. Jules en haussant les épaules, et tantôt tu prétendais que nul ne savait...

— Mais.

— Silence ! Ces camarades, où sont-ils ?

— Voilà justement ce que j'allais vous dégoiser. Ils étaient chargés de la conduite du train jusqu'à Triel, où ils doivent le dépecer.

— Sont-ils repartis ?

— A l'instant même, sans même boire une goutte, dans la crainte de se mettre en retard.

— Bon. Ils se tairont...

— Quinze jours au moins.

— C'est plus qu'il ne m'en faut. Qui a pansé le blessé ?

— Moi ! dit Fifine en s'avançant.

— Avec quoi ?

— Des compresses et de l'eau fraîche.

— C'est ce qu'il y a de plus simple, repartit l'ex-agent en souriant.

— Ça ne peut pas faire de mal et ça me connaît. J'en ai tant soigné des atouts dans la taverne Saint-Marcel.

Fifine, toute jeune fille, avait servi dans un cabaret où, jour et nuit, charretiers, égoutiers, rouleurs de jour et rôdeurs de nuit ne mangeaient pas un arlequin sans tirer la savate au dessert.

Elle était experte en toutes blessures provenant d'un poing fermé ou d'un couteau ouvert.

— Jusqu'à nouvel ordre, lui enjoignit l'ex-agent de police, pas un mot de ce qui s'est passé, à âme qui vive.

— Bon. Mais demain, faut que j'aille au travail... et mon homme aussi.

— Vous n'irez pas, et vous veillerez à ce que personne ne pénètre chez vous.

— Et de l'*os* ?

M. Jules jeta un billet de banque à Filoche :

— Voilà deux cents francs !

— Fameux ! cria Fifine. Quelle noce !

— Tais-toi, et ronge ton os en silence, gronda sourdement l'ex-agent, qui, comme tous les gens sortis de la plèbe, n'avait aucun égard pour ceux dont il avait été si longtemps l'égal.

Puis, s'adressant à Filoche, il ajouta :

— Toi, tu vas immédiatement te procurer un lit convenable et tout ce qui peut être nécessaire au blessé.

— Quoique ce soit dimanche, il n'est pas tard, je trouverai cela facilement.

— Bien, n'épargne rien. Quand il n'y en aura plus, il y en aura encore.

— A la bonne heure !

— Si, à son réveil, ton blessé me demande, tu lui diras que je reviendrai.

— Quand ?

— Demain matin.

— Bon.

— Ah ! une observation importante. Sous aucun prétexte, vous ne vous permettrez d'interroger le comte... le blessé...

— C'est compris.

— Mais s'il nous parle, c't'homme ?

— Vous lui imposerez silence.

— Au nom de qui ?

— Au nom du médecin, que vous ferez venir le plus tôt possible.

— Bien.

— A bientôt, Filoche.

Et M. Jules descendait avec précaution les premières marches de cet escalier qui l'avait tant fait pester.

Un dernier avertissement à donner lui parut nécessaire.

Il s'arrêta et dit à Filoche :

— Tais-toi, car si tu parles, gare *le pré!*

— Soyez calme, monsieur Jules, Fifine a de l'*atout* et j'en réponds.

— Quand on répond d'une femme, on l'épouse, ricana l'ex-agent, qui redescendait suivi de Filoche.

La mégère aux cheveux jaunes rentra dans la mansarde où gisait le blessé, et jetant un regard curieux et triomphant sur ces murs noirâtres et lézardés :

— C'est bien la peine de faire le malin pendant trente ans de sa vie pour se laisser mettre dedans par...

Elle n'acheva pas sa manière de réflexion à haute voix, mais elle fit un geste de menace ironique à l'adresse de M. Jules, qui, tout en étant un si bel homme, se montrait aussi méprisant pour une femme aussi jolie qu'elle !

Cependant, le bel homme en question congédiait son hôte, le débardeur, qui le quitta pour exécuter ses ordres, et remontait dans son véhicule après avoir donné au cocher l'adresse du docteur Martel, allée des Veuves.

8.

VII

La contre-piste de Rifflard.

Une demi-heure après, M. Jules entrait dans un salon de la maison de santé du docteur Martel.

Laissé seul par le domestique qui venait de l'introduire, l'ex-agent de la police s'installa commodément dans un fauteuil au coin de la cheminée et attendit en murmurant à part lui :

— C'est singulier, tout respire l'ordre et l'honnêteté ici. Rien ne sent la comédie ni l'intrigue. Définitivement, j'ai affaire à des gens très-forts ! Tant mieux, ma foi ! ça me réveillera un peu ! Voyons-les venir.

Quelques minutes se passèrent.

— Ah çà! se demanda notre homme, me font-ils *poser*? ou se concertent-ils pour me recevoir? Que diantre! ils sont prévenus de ma visite. Je leur ai pourtant bien laissé le temps de se reconnaître.

Puis :

— Le Rifflard en sera-t-il ?

Sur cette dernière interrogation intime, le docteur Martel entra.

L'ex-agent se leva.

Malgré toute son audace, malgré son assurance passant toutes les bornes, l'intelligent et beau visage du praticien renommé lui imposa.

— A qui ai-je l'honneur de m'adresser? lui dit le docteur en lui rendant son salut.

— Monsieur est sans doute le docteur Martel? demanda l'ex-agent, qui, tenant à ménager l'effet que devait produire son terrible nom, répondait à une question par une autre question.

Vieille tactique, qui cette fois n'eut aucun succès.

Le médecin répondit simplement :

— Oui, monsieur. Et vous, qui êtes-vous, s'il vous plaît ?

Impossible de conserver plus longtemps l'incognito.

— Moi, monsieur, fit-il en se redressant et en enflant sa voix avec suffisance, je suis *Monsieur Jules*.

Tout remarquable qu'il fût comme limier de police, l'ex-agent était bien souvent ridicule.

Il le fut, ce jour et ce moment-là, au suprême degré.

— Monsieur Jules? chercha le médecin.

— Monsieur Jules, répéta l'autre.

— Connais pas.

Ces deux mots furent prononcés avec un accent de politesse si railleuse, que tout l'orgueil de l'homme de police bouillonna et le sang lui monta au front :

— L'ancien agent...

— Ah! très-bien! très-bien! repartit le docteur, exactement comme s'il avait voulu dire : Eh bien! après? que m'importe à moi?

Son hôte ne s'y trompa pas.

Il reprit sèchement :

— Je suis enfin, monsieur le docteur, connue ou inconnue de vous, la personne à laquelle vous avez assigné un rendez-vous.

— Vous m'étonnez.

— Pourquoi?

— Parce que je ne me souviens pas d'avoir donné rendez-vous à qui que ce soit pour cette après-midi. A la rigueur, je comprendrais l'erreur venant d'un de mes amis, mais, comme je vous le répète, monsieur, je n'ai pas l'honneur de vous connaître.

L'*honneur* était exagéré.

M. Jules le sentit.

Il se mordit les lèvres.

Les deux hommes causaient debout au milieu du salon.

Le docteur Martel n'avait pas offert de siége à son visiteur ; c'est qu'il désirait abréger sa visite.

La mauvaise humeur de l'ex-agent prit des proportions colossales.

— Vous admettrez pourtant bien, monsieur le docteur, que je ne suis pas venu ici à propos de *bottes*.

— Je ne sais, monsieur... Charles, je crois?

— Jules !

— Je ne sais, si vous y êtes, comme vous le dites fort spirituellement, à propos de *bottes*, mais à coup sûr vous vous y trouvez pour un motif que j'ignore.

— Tonnerre! fit à moitié M. Jules, qui mâcha la moitié du mot en voyant l'air froid et calme de son interlocuteur. C'est trop violent.

— J'attends que vous consentiez à vous expliquer, monsieur.

— Soit.

Et M. Jules, qui ne voulut pas supporter plus longtemps l'affront que lui infligeait le médecin, en ne l'invitant point à s'asseoir, lui dit de sa voix la plus flûtée :

— Mais, d'abord, permettez-moi de ne pas me tenir debout.

Le docteur sourit.

Du doigt il lui indiqua un fauteuil, puis il s'assit lui-même.

C'était un petit triomphe que l'agent venait de remporter.

Il voulut profiter de son avantage et se pressa d'ajouter :

— Ce matin, un individu est venu me trouver à mon agence, rue des Noyers.

— Ah !

— Cet individu venait de chez vous.

— Ah !

— Il m'a laissé entendre qu'il était envoyé par vous.

— Ah !

Ces trois exclamations firent sur M. Jules l'effet que produisent sur le taureau lancé dans l'arène les flèches embandelettées des picadores.

Le docteur Martel lui répondit avec son plus grand flegme :

— Pardon ! mille pardons ! mais, venir de *chez moi* et être envoyé *par moi* ne me semble pas absolument la même chose.

— Comment ça ?

— Le messager dont vous parlez vous a-t-il donné une certitude ?

— Non, mais j'ai cru comprendre...

— *Errat qui putat*, disent les collégiens.

— Qu'est-ce qu'il me fiche avec ses collégiens, pensait M. Jules, qui, un peu plus, allait exprimer sa pensée tout haut et d'une façon énergique.

Comme il se taisait, le docteur Martel reprit :

— Oserai-je vous adresser une simple question ?

— Osez, monsieur, osez, répondit l'ex-agent, qui voulait faire contre raillerie bon courage.

— Monsieur Charles...

— Jules, sacrebleu !

— Excusez-moi, Charles, Jules... Tous les prénoms se ressemblent, et je les confonds très-facilement.

— C'est bon ! c'est bon ! allez.

— Cet individu vous a-t-il laissé son nom ?

— Il m'en a laissé un...

— Bien !

— Mais j'ai de fortes raisons pour supposer qu'il est faux.

— Le champ des suppositions est bien vaste, monsieur... Si nous y mettons le pied, nous risquons, je le crains, de nous embourber jusqu'au genou.

— Oui-dà !

M. Jules n'était un sot qu'à ses heures.

Son sang-froid retrouvé, il jaugeait vite et clair une situation.

Dans ses phrases et dans ces circonlocutions, il devina une manœuvre de l'ennemi.

Mais vers quel but tendait cette manœuvre ?

Il se recueillit et n'eut pas l'air de flairer un piége.

Pendant qu'il cherchait le sens de toutes ces tergiversations, dans la partie du mur faisant face au docteur et se trouvant derrière l'agent de police retraité, un panneau glissa lentement, silencieusement.

Une main passa à travers la baie.

M. Jules ne pouvait rien voir.

Seul, le docteur vit la main faire un geste maçonnique, puis disparaître.

Le panneau se referma sans bruit, comme il s'était ouvert.

Le maître de la maison répéta sa question :

— Cet homme vous a dit?...

— Qu'il était ouvrier cambreur et qu'il se nommait...

— Rifflard?

— Oui, pardieu !

— Il fallait donc me raconter cela tout d'abord, fit M. Martel avec candeur.

— C'est donc son vrai nom, à ce garçon? demanda M. Jules, qui ne savait plus sur quel pied se tenir.

— Je ne l'ai jamais entendu nommer autrement.

— Vous le connaissez alors?

— Qui ?

— Rifflard.

— Un peu. J'ai soigné dernièrement un de ses parents...

— Un ouvrier ou un...

— Un couvreur qui s'était laissé tomber du haut d'une échelle.

— Et vous l'avez guéri? demanda machinalement M. Jules, qui battait la campagne.

— Je vous remercie bien de vous intéresser à ce pauvre diable. Il en sera quitte dans une quinzaine..., répondit ironiquement le docteur.

— Pardon, monsieur... une distraction... ce n'est pas cela que... barbotta l'ex-agent ; bref, ce Rifflard...

— Attendez donc... il était ici, ce matin même.

— Vous en êtes sûr ?

— Certes... Eh! mais, j'y suis!... où diable avais-je la tête, continua le docteur. J'oubliais que cette nuit....

— La nuit dernière ?

— Oui... il m'a amené un blessé.

— Un blessé... ah ! ah ! nous y venons, se disait M. Jules dans son for intérieur... Va toujours ! va toujours ! nous verrons bien comment tu sortiras de là mon beau troubadour de la trousse.

— Oui, un homme percé de part en part... Je ne sais si je parviendrai à le sauver

— Voyez-vous cela! Un assassinat?

— Non pas.

— Un duel ?

— Oui... du moins c'est ce que ce bon Rifflard m'a dit en me l'amenant.

— Et ce blessé, vous l'avez toujours chez vous?

— Chez moi.

— Dans votre établissement ?

— Dans cette maison même.

— Où l'avez-vous mis ?

— Comment dites vous cela? fit le docteur avec stupéfaction.

— Où l'avez-vous mis, le blessé?

— Mais... où voulez-vous qu'il se trouve sinon dans un bon lit, entouré de tous les soins exigés par son état?

— Ah! bien! par exemple, je voudrais le voir! ne put s'empêcher de dire M. Jules, confondu de tant d'audace unie à tant de simplicité.

— Mais, Monsieur Jules, Dieu me pardonne, vous me faites subir un interrogatoire. Seriez-vous encore chef de la police de sûreté, et cacheriez-vous votre jeu?

— Hélas! non, monsieur... ma démission a été bel et bien acceptée depuis longtemps déjà. Le gouvernement croit pouvoir se passer de moi... Mais ce n'est pas de cela qu'il s'agit... Excusez-moi et laissez-moi vous avouer que je m'intéresse beaucoup à ce malheureux blessé.

— Vous! serait-ce un parent?

— Non pas.

— Un ami?

— Pas précisément, non plus.

— Alors, je ne vois... continua le docteur Martel.

— C'est à propos de lui que le sieur Rifflard est venu me trouver ce matin à mon agence.

— Venait-il de la part du blessé?

— C'est cela même.

— De la part de M. le comte de Mauclerc?

— Précisément.

Le docteur se leva :

— Il fallait donc le dire tout de suite, monsieur !

— Mais je ne fais que ça ! cria l'agent.

— Voilà une heure que nous jouons aux propos interrompus !

— Allons ! bien... vous allez voir que...

— Tout est clair et limpide ! acheva le docteur.

— Tant mieux ! hurla M. Jules.

— Pourquoi tant mieux ?

— Parce que vous ne trouverez aucun inconvénient...

— A quoi, cher monsieur !

— A me laisser voir le blessé ! fit l'agent, redevenant maître de la position, à son compte du moins.

— Oh ! voilà qui est bien une autre affaire ! répondit le médecin.

— Pardieu ! pensa l'autre, j'en étais bien certain, qu'il refuserait...

Puis, voulant pousser son adversaire jusque dans ses derniers retranchements, il ajouta :

— Et pourquoi donc cela ? Quelle difficulté ?

— Sa faiblesse, provenant de l'énorme quantité de sang qu'il a perdue. M. de Mauclerc se trouve dans un état de prostration complète ; depuis quelques heures, il n'a pas fait un geste ! Toute secousse pourrait lui devenir mortelle.

— Mortelle ?

— Je ne puis dire le contraire, dit le docteur avec la même impassibilité.

— Pauvre cher comte! répliqua l'agent avec une compassion ironique; ainsi vous refusez de me le laisser voir?

— Dame!

— Entrevoir seulement.

— Vraiment, je le regrette, mais...

M. Jules se frottait les mains, sans s'apercevoir que ce geste trivial de contentement n'était guère en situation.

Le docteur l'examinait du coin de l'œil.

— Pourtant... fit-il d'une voix timide.

— Pourtant? demanda l'autre, qui chercha la signification de cette réticence, persuadé qu'il était de l'impossibilité où se trouvait le médecin de lui montrer son malade.

— Si vous y tenez...

— Oh! beaucoup!

— Eh bien! j'y consens.

— Ah! bah!

Stupéfaction sans égale de la part de M. Jules.

— A une condition.

— Laquelle?

— Dans le cas où le blessé viendrait à vous reconnaître, ce dont je doute...

— Et moi aussi...

— Dans ce cas, vous vous engagez d'honneur à ne pas lui adresser la parole...

— Ça, je le jure.

— Même s'il paraissait le désirer.

— Je m'y engage par tout ce que j'ai de plus sacré.

— Par vous-même?

— Par moi! Ma foi, docteur, vous avez mis le doigt dessus... Voilà le seul serment que je respecte un peu.

— Respectez-le absolument, aujourd'hui, monsieur Jules, sinon, je vous le répète, vous compromettez les jours de M. de Mauclerc!

— Ce pauvre ami!

— Ah! c'est votre ami!

— Intime, docteur! je l'aime comme s'il était mon frère.

— Mes compliments à tous les deux, répliqua le docteur Martel avec un sourire poli.

M. Jules se serait fâché s'il n'avait pas voulu voir le dernier acte de la petite comédie qu'il se donnait à lui-même.

Il était bien sûr de son affaire.

Tout le présageait : le docteur allait se voir forcé de se démentir ou se couvrir de confusion ou de honte.

M. de Mauclerc, que l'ex-agent de police venait de laisser rue des Batailles, à Chaillot, ne pouvait, à moins d'avoir un double, un sosie, un ménechme, se trouver en même temps allée des Veuves, chez le docteur Martel.

Mais, pendant la scène précédente, la contenance du médecin avait toujours été si simple, si naturelle, que, malgré toute sa finesse, malgré toutes les présomptions qui parlaient contre son adversaire, M. Jules se trouva dérouté :

— Bigre! murmurait-il, quel gaillard! quel toupet!... Oui, mais, comment va-t-il se tirer de là? Je ne me contenterai pas de voir... Je ferai comme Thomas, moi, je toucherai.

La voix du docteur le tira de ses hésitations.

— Venez-vous, monsieur?

— Je suis à vos ordres.

M. Martel sonna.

Un domestique parut, portant un candélabre.

Son maître lui dit :

— Joseph, éclairez-nous. Nous allons chambre numéro 9, chez le blessé de cette nuit.

Le domestique les précéda.

M. Jules se laissa faire.

Il n'y comprenait plus rien du tout.

La maison de santé du docteur Martel était un vaste établissement, entouré de jardins anglais, où les convalescents respiraient à leur aise un air libre et pur.

En ce moment presque toute les chambres se trouvaient occupées.

Le trajet du salon à la chambre numéro 9 fut long.

Il dura près de dix minutes.

Il fallut traverser de longs corridors, monter plusieurs escaliers de dégagement, en descendre d'autres.

Enfin, le domestique qui les éclairait s'arrêta devant une double porte soigneusement capitonnée.

— Entrez, dit le docteur à M. Jules.

L'ex-agent obéit.

Il commençait à douter de lui-même.

Intérieurement, il se demandait : Ah ça ! ai-je vu ou n'ai-je pas vu le comte de Mauclerc, blessé, dans la mansarde de Filoche et de Fifine?

Cette comédie était jouée avec une si rare perfection ! A quoi bon aller jusque-là, pour reculer au dernier moment ? Pourtant il était bien sûr de ce qu'il avait vu. Jamais ses yeux ne l'avaient trompé.

Mais l'aisance du médecin, la bonne foi qui se manifestait dans chacune de ses paroles le confondaient.

Il en vint à s'inquiéter du dénouement de cette singulière aventure.

M. Jules n'aimait, n'appréciait et ne comprenait que les coups de théâtre préparés par lui-même.

Mais dans cette affaire il sentait le beau rôle lui échapper.

Il avait débuté par avoir peur d'une révélation dangereuse pour lui, seul motif qui l'eût déterminé à accepter un rendez-vous dans cette étrange demeure.

Et qui lui avait inculqué le désir ardent de venir à ce rendez-vous ? un homme qui lui était totalement inconnu à lui, l'ex-chef de la police de sûreté, tandis que lui, M. Jules, il était parfaitement connu de cet homme.

Cependant il recueillit toutes ses forces.

Il comprit que la plus légère hésitation le rendrait ridicule, et faisant de nécessité vertu, il se décida à pousser l'aventure jusqu'au bout.

Reculer n'était plus possible.

En apparence, il demeura donc ferme, impassible, résolu.

Le docteur venait d'ouvrir la seconde porte avec toutes sortes de précautions.

Tous deux pénétrèrent dans une chambre faiblement éclairée par une lampe-veilleuse à verre dépoli.

Un épais tapis assourdissait les pas.

De lourdes tentures-portières et de vastes rideaux interceptaient tout courant d'air.

La chaleur de cette chambre était suffocante.

Elle exhalait une senteur de pharmacie, particulière aux chambres de malade.

Une sœur grise se tenait assise à la tête du lit, dont les rideaux étaient presque fermés. Elle priait.

Elle ne s'aperçut sans doute pas de l'entrée des deux hommes ; elle demeura la tête penchée sur sa poitrine, le visage enfoui dans ses coiffes, achevant ses prières, ainsi que le laissait deviner le mouvement continu de son chapelet, dont les grains en bois de cèdre glissaient rapidement entre ses doigts.

Le docteur et l'agent de police s'arrêtèrent au milieu de la chambre.

— La mise en scène est bonne, marmotta celui-ci, rien n'y manque! Tout est vrai... Il faudra voir seulement quel est le pantin qui s'est permis de se mettre dans la *peau du bonhomme*.

Comme si le médecin eût deviné les pensées secrètes de l'homme de la police, il se pencha de son côté et lui dit tout bas:

— Ne voulez-vous pas le voir?

L'autre le regarda avec effarement.

— Voulez-vous, oui ou non?

— Oui, répondit M. Jules, en laissant échapper un son étranglé de son gosier.

— Venez, et n'oubliez pas votre promesse.

— Le diable me brûle si j'y manque!

Le docteur Martel lui saisit le bras.

Ce bras tremblait.

Le docteur ne prit ou ne parut pas prendre garde à ce tremblement nerveux.

Il s'approcha du lit, et il en écarta doucement les rideaux.

— Qu'est-ce que c'est que ça? s'écria l'ex-agent.

— Silence donc? fit le médecin en lui mettant la main sur la bouche.

Mais cette précaution était inutile.

M. Jules venait de faire trois pas en arrière et de reculer en chancelant jusqu'à un canapé, au dossier duquel il se cramponna.

Et il restait là, bouche béante, les yeux hors de la tête, au comble de la surprise et de l'épouvante.

— Qui comptiez-vous donc trouver dans ce lit de souffrance? dit le médecin, avec une ironie mordante, que sa stupéfaction l'empêcha de remarquer.

Ce qu'il voyait, du reste, était bien fait pour mettre M. Jules hors de lui-même.

Sur ce lit, aux rideaux relevés, entre la sœur grise et le docteur Martel, le comte de Mauclerc, *pâle comme un cadavre, dormait d'un sommeil profond.*

Mauclerc, qu'il venait de laisser entre Filoche et Fifine !

Mauclerc, que la moindre secousse pouvait tuer !

Mauclerc, que, matériellement parlant, nulle puissance humaine n'avait pu transporter en aussi peu de temps du sixième étage de la rue des Batailles, au rez-de-chaussée de l'allée des Veuves.

Mauclerc, enfin, qu'il reconnaissait en se disant:

Si je le reconnais, ce n'est pas lui qui est mourant, c'est moi qui deviens fou !...

IX

Où M. Jules n'y est plus du tout.

Au cri poussé par l'ex-chef de la police de sûreté, le blessé entr'ouvrit les yeux, et, tournant péniblement la tête vers les visiteurs, il demanda à la religieuse :

— Qui est là, ma sœur ?

Sur un geste impératif du docteur, on ne lui répondit rien.

Le comte de Mauclerc crut s'être trompé. La douleur lui arracha un soupir, et avec l'aide de sa garde, il changea de position et tourna la tête du côté de la muraille en murmurant :

— *Il* ne viendra pas !

— *Il...* c'est moi..., dit l'ex-agent de police.

Le docteur Martel renouvela son geste commandant le silence le plus absolu. Comme si le blessé se fût donné une explication à lui-même, il laissa échapper, de ses lèvres serrées par la souffrance, les mots suivants :

— Ah! monsieur Jules, ce sera trop tard !

En entendant prononcer son nom, ce dernier fit un mouvement.

Il voulait se rapprocher du lit.

Le docteur se plaça entre lui et le blessé, et lui saisissant vivement le bras :

— N'oubliez pas votre promesse! fit-il tout bas.

— Cré mâtin! répliqua M. Jules, sur le même ton. Il n'y a pas de danger que je l'oublie. Vous êtes bon à me la rappeler, vous !

— Chut !

— Pardieu ! oui! on se taira, mais c'est dur, tout de même !

— Taisez-vous, ou sortez !

— Je me tais, quoi !

L'obéissance de l'agent suffit au docteur Martel, qui, s'adressant à la religieuse :

— Sœur Agathe, dit-il.

Celle-ci se leva, prit une fiole sur la table, se pencha vers le malade et la lui fit respirer.

Mauclerc, dont l'agitation et la fièvre redoublaient, retomba immobile et ne donna plus signe de vie.

— Ah! ça, mais! il vont me le tuer, pensa M. Jules. C'est un moyen comme un autre de l'empêcher de parler.

Le médecin devinait sans doute ce qui se passait dans l'esprit de son visiteur, car il reprit avec moins de précaution :

— Votre ami dort.

— Ah! bien! dit tout haut l'agent, qui pestait à part lui de voir le sommeil se mettre de la partie pour l'empêcher d'avoir une minute d'entretien avec Mauclerc.

— Eh bien! mon cher monsieur, ajouta l'homme de l'art, êtes-vous convaincu ?

— Convaincu de quoi ?

— De l'identité de mon pensionnaire.

— Dame !

— Dame ! oui, ou dame ! non ?

— Mais, docteur, repartit effrontément l'ex-agent de police, je n'ai pas douté un seul instant de votre bonne foi.

— Est-ce à dire qu'on l'aurait surprise ?

— Non pas ; tout est comme vous me l'aviez dit.

— Alors pourquoi cette stupéfaction, cette épouvante ? interrogea le docteur Martel, qui voulait voir jusqu'où son interlocuteur pousserait l'impudence et le mensonge.

— Pourquoi ?... chercha l'autre, mais parce que... en retrouvant ce pauvre comte dans un si pitoyable état, je me suis senti tout...

— Tout ému ?

— Oui, c'est cela, tout ému, répéta vivement M. Jules... Vous concevez... On quitte un ami plein de vie et de santé, et l'on ne le retrouve pas impunément à deux doigts de la mort...

— Oui, on est homme, quoique agent de police, continua le plus doucement possible son impassible cicérone.

— Voilà ce que je voulais dire.

— Alors, c'est à merveille, et nous n'avons plus rien à faire ici.

— Rien.

— Laissons reposer le malade et sortons.

— Sortons, fit machinalement M. Jules.

Et il suivit le docteur, qui quitta immédiatement la chambre de M. de Mauclerc.

Mais à peine eurent-ils disparu dans le long couloir sur lequel donnaient toutes les chambres des malades, que la religieuse sortit à son tour.

Elle écouta quelques instants, reconnut la direction qu'ils venaient de prendre, et se précipita à leur suite, marchant avec la légèreté d'un fantôme.

Du reste, elle aurait usé de moins de précautions que l'ex-chef de la police de sûreté ne se fût pas douté de sa présence.

Il en était encore à chercher l'explication de tout ce qui venait de se passer.

Et comme sa pensée courait facilement d'un sujet

à un autre, tout en cherchant la clef de cette énigme il ne pouvait s'empêcher de se demander pourquoi le blessé l'avait prié de se rendre auprès de lui.

— Ah! les mâtins! murmurait-il, ils me donnent du fil à retordre! Tiens! par où passons-nous donc? Nous ne prenons pas le même chemin que tout à l'heure.

En effet, le domestique qui les précédait, le candélabre à la main, leur faisait suivre une voie plus directe.

En deux fois moins de temps qu'ils n'en avaient mis pour arriver à la chambre du comte de Mauclerc, ils se retrouvaient à l'entrée du salon de réception.

Quelque bouleversé qu'il fût par la scène à laquelle il venait d'assister, l'ex-agent remarqua cette particularité.

Seulement, cette fois, le docteur Martel et M. Jules n'étaient plus seuls dans ce salon.

Deux personnes s'y trouvaient aussi, deux ouvriers endimanchés.

La première, Rifflard, l'ouvrier cambreur, se tenait devant la cheminée.

M. Jules le reconnut facilement; la lumière du lustre donnait sur lui, en plein visage.

La seconde personne s'était placée dans un angle obscur de la pièce.

Elle disparaissait dans l'ombre.

L'agent, dont toute l'attention était attirée sur

son visiteur matinal, ne se donna pas la peine d'examiner à fond ce second personnage.

Il s'avança vers l'ouvrier cambreur et lui dit :

— On vous revoit donc, vous?

— Si ma présence vous gêne, monsieur Jules, il faut le montrer. On s'en ira.

— Moi? pas du tout. Vous m'expliquerez peut-être...

— A votre service, répondit l'ouvrier cambreur. Quoi, s'il vous plaît?

— Mais... rien du tout, repartit l'ex-agent après réflexion.

— C'est fait, dit Rifflard en riant. Si vous n'êtes pas plus exigeant que cela, il ne sera pas difficile de trouver chaussure à votre pied.

— Oui, ricane, ricane, pensait M. Jules, mon tour viendra.

— M. Jules vient de voir le blessé que vous m'avez amené cette nuit, mon bon ami, dit le docteur Martel, s'adressant à Rifflard.

— Ah!

— Oui, je l'ai vu! grommela l'ex-agent.

— Malheureusement, l'état de ce dernier ne lui a pas permis de communiquer avec son visiteur.

— Pas de chance! fit Rifflard avec une expression de regret qui dut aller au cœur de l'ex-agent.

— Je reviendrai, ajouta celui-ci.

— Toutes les portes vous sont ouvertes, à dater d'aujourd'hui, cher monsieur... Je donnerai des

ordres pour que vous soyez admis en présence de
M. de Mauclerc, dès que son état lui permettra de
vous recevoir.

— Sera-ce long ?

— S'il ne se présente pas de nouveaux accidents,
j'estime que dans sept ou huit jours, le blessé sera
à même de vous donner tous les renseignements
désirables.

— Huit jours! Enfin!... s'il le faut... Il le faut!
n'est-ce pas?

— Le pauvre diable est joliment accommodé !
murmura Rifflard en manière d'aparté.

— Oh! je le vengerai! s'écria M. Jules, qui posa
sa main sur l'épaule de l'ouvrier cambreur.

Celui-ci se laissa faire le mieux du monde.

— Une confidence? dit-il.

Et il tendit l'oreille, en se faisant un cornet de
sa main droite.

Avant de lui répondre, l'ex-agent se tourna vers
le docteur Martel, comme pour lui demander la
permission de traiter devant lui une affaire qui le
concernait aussi peu.

Le docteur fit un geste qui signifiait :

— A votre aise. Agissez comme dans votre propre bureau.

M. Jules prit un dernier temps, et cherchant à
dominer du feu de son regard le malheureux artisan qui se trouvait placé sur sa route, il reprit :

— Écoute, mon petit...

— Vas-y, mon gros, répondit avec le plus grand calme Rifflard, qui rendit politesse pour politesse et tutoiement pour tutoiement.

— Hein?

— J'ai dit : Vas-y, mon gros. Ce n'est pas de l'hindoustani, ça. Tu me traites en camarade, mon bon Jules, il paraît que nous avons gardé n'importe quoi ensemble. Je ne suis pas difficile, continue.

L'ex-agent se mordit les lèvres et continua.

— Bien! Je suis *mouché et remouché!* Il n'y a rien à *frire* avec vous, l'ami! Vous m'avez *roulé!* Mon *linge* est *lavé* avec *de la cervelle de mouton!* Mon *compte est bon!* Je n'en veux plus.

— Oh! les vieilles habitudes! dit Rifflard sérieusement; impossible de s'en corriger.

— Plus de blagues! riposta vivement l'ex-agent. Les plus courtes sont les meilleures. Vous êtes un bon garçon, et je vous pardonne.

— C'est gentil, ça!

— Mais vous allez m'apprendre dans quel but vous m'avez monté un si rude coup?

Le docteur Martel s'était assis.

Le personnage muet qui assistait également à cette scène, se tenant toujours dans l'ombre, fit un mouvement.

Rifflard le contint du geste, tout en répondant à son antagoniste :

— Mon cher monsieur, permettez-moi de vous assurer que je ne comprends pas un mot de tout ce que vous me dites là ! Je ne vous ai pas monté le moindre coup, comme vous l'avancez pittoresquement...

— Pittoresquement! monsieur Rifflard, interrompit l'autre avec ironie.

— Je ne suis pour rien dans tout ce qui vient de se passer ici, en supposant qu'il se soit passé quelque chose.

— Charmant !

— On m'a donné une commission. Je l'ai faite. Vous étiez prié de venir visiter M. le comte de Mauclerc, vous l'avez visité. Le malheur a voulu que les blessures de ce monsieur fussent trop dangereuses pour vous laisser communiquer verbalement avec lui. Qu'y puis-je? En quoi suis-je votre ennemi? Où voyez-vous un piége tendu? Que me reprochez-vous enfin ?

— Ce que je vous reproche?
— Oui, parlez!

M. Jules fit un violent geste de colère, mais apercevant le sourire sardonique qui pointait sur les lèvres du docteur Martel, et reconnaissant qu'en somme il lui eût été fort difficile d'articuler un grief quelconque contre l'ouvrier cambreur, il réprima sa rage et repartit de son ton le plus calme :

— Ah! c'est comme ça! eh bien! l'ami, vous avez tort.

— Moi! demanda Rifflard, de son visage le plus étonné.

— Vous-même. On me pince une fois, mon *petit père*, mais deux, *nisco*. Je ne suis pas un imbécile. De plus malins que vous s'y casseraient les *quenottes*.

— Je ne vous ai jamais pincé, mon brave homme. C'est un divertissement que je n'ai pas le moindre désir de me payer.

— Bien! bon! bien! allez toujours. Je mettrai toutes les pierres dans la même brouette... Mais, cré nom! le jour de l'échéance, s'il y a quelques centimes de plus dans l'addition, il ne faudra pas que ça vous étonne.

— Monsieur Jules daigne m'honorer de ses menaces... dit l'ouvrier; que monsieur Jules veuille prendre la peine de réfléchir à toute l'inconvenance de sa conduite. Le salon de réception du docteur Martel n'est pas, que je sache, le cabinet d'affaires de la rue des Noyers. M. Jules oublie sans doute que...

Ici le docteur intervint.

— Laissez, mon cher Rifflard, fit-il, laissez cet homme s'expliquer à son aise.

— Cet homme! cria l'agent. Comment! cet homme?

— Je ne serais pas fâché, continua l'autre, de finir par comprendre ce qu'il est venu chercher céans.

Puis se tournant vers M. Jules, qui ne s'était jamais trouvé de sa vie à pareille fête, il ajouta :

— En fin de compte, quel est le fond de votre pensée ? Voilà plus d'une heure que je me mets à votre disposition ; voilà plus d'une heure que je m'applique à vous contenter, sans y parvenir. Parlez, cher monsieur... Charles..., non, bon monsieur Jules, à quel saint faut-il se vouer pour réussir à vous complaire?

Cette dernière raillerie comblait la mesure.

M. Jules, obligé de s'avouer son impuissance momentanée, s'avança vers ses deux interlocuteurs et leur mettant presque le poing sous le nez :

— Ainsi, vous croyez que ça va durer longtemps comme ça ! Ainsi vous êtes les deux raquettes et je passe volant ! Ainsi moi, M. Jules, ex-chef de la police de sûreté, qui ne crains ni Dieu ni diable, vous me faites aller *à hue* et *à dia*, parce que le hasard se met dans votre jeu ! C'est parfait ! Il n'y a rien à répondre ; je me suis venu jeter dans la gueule du loup. Mais, par tout ce que j'ai de plus sacré, je vous le jure, je vous prouverai que vous n'avez affaire ni à un ingrat, ni à un *oublieux*. Je vous le prouverai. J'ai bonne mémoire, pour le bien comme pour le mal. Que vingt-deux mille tonnerres m'écrasent si j'oublie cette après-midi !

Les deux hommes ne répondaient rien.

Irrité par ce silence méprisant, l'ex-agent répéta :

— Non, je n'oublierai pas ; je n'oublie rien, moi, rien, rien !

Tout à coup, une main saisit la sienne.

Il se retourna.

Devant lui se tenait la sœur grise.

D'une voix douce, mais ferme, elle lui dit :

— Vous avez bonne mémoire, monsieur ! Me reconnaissez-vous ?

M. Jules ne distingua tout d'abord que le costume.

La coiffe cachait le visage de la religieuse.

Il fit un signe négatif.

Elle réitéra sa question :

— Me reconnaissez-vous ?

L'agent la regarda attentivement.

La sœur grise ne levait même pas les yeux sur lui.

Tout à coup, à la grande surprise du docteur Martel et de l'ouvrier cambreur, cet homme, qui se vantait de mettre le pied sur toutes les émotions humaines, devint blanc comme un cadavre. Une trépidation convulsive agita tous ses membres, et, poussant un rugissement de tigre aux abois :

— Elle ! s'écria-t-il avec terreur. Elle ! ici ! Elle ! vivante !

M. Martel et l'ouvrier crurent un moment qu'il allait se précipiter sur la sainte fille pour la déchirer ou pour l'étouffer entre ses mains crispées par l'épouvante et la colère ; aussi, d'un commun accord, se placèrent-ils tous les deux entre elle et lui.

Précaution inutile !

Cette indomptable et robuste nature venait de recevoir un de ces coups sous lesquels tout s'affaisse.

M. Jules sentit ses forces l'abandonner.

Il poussa deux ou trois cris inarticulés.

Puis, se renversant en arrière, il tomba sur le parquet comme une masse.

Le docteur Martel et Rifflard accoururent à son secours.

Il était évanoui.

Quant à l'homme mystérieux qui n'avait point encore pris part à la conversation, il ne se préoccupait en rien de tout ce qui se passait à quelques pas de lui.

Indifférent, impassible, il ne quittait pas l'angle obscur du salon, où il semblait avoir élu provisoirement domicile.

Il attendait un ordre, une interrogation.

Ce fut Rifflard qui lui fit signe d'approcher.

Il obéit.

C'était un homme d'un âge déjà avancé.

Sur ses traits vulgaires, le vice et la débauche avaient laissé leur empreinte ineffaçable.

Il y avait pourtant dans sa tenue, dans ses manières, un je ne sais quoi indiquant une créature en dehors de la civilisation, ou si l'on veut, de la barbarie ordinaire.

Ses yeux, toujours en mouvement, pétillaient d'intelligence et de curiosité.

— Est-ce la première fois que vous vous trouvez

en présence de... de madame? demanda Rifflard en montrant la religieuse, tandis que le docteur Martel soignait M. Jules, qui venait d'être frappé d'un commencement de congestion cérébrale.

— Qui, Madame?

— La sœur Agathe.

— Je ne l'ai jamais rencontrée jusqu'à ce jour, répondit nettement l'inconnu.

Rifflard se tourna du côté de la religieuse, qui lui dit:

— C'est vrai. Lors de l'événement, de l'affaire que vous savez, je me tenais à l'écart, loin des yeux de cet homme et de ses compagnons.

L'ouvrier s'inclina en signe d'assentiment; puis désignant à l'inconnu M. Jules, que le docteur venait d'étendre sur un canapé.

— Et lui? fit-il.

— Oh! quant à lui, répondit l'autre, il m'est impossible de m'y tromper.

— Parlez! parlez!

— Bien que je ne l'aie vu que quatre fois, j'avais trop d'intérêt à le reconnaître pour qu'il m'ait été possible de l'oublier.

— Quand l'avez-vous rencontré pour la dernière fois?

— Il y a une dizaine d'années.

— Où cela?

— En Alsace.

— Vous souvenez-vous du motif de sa venue?

— Parfaitement. Il me demanda...

Ici l'inconnu hésita.

— Vite... vite! s'écria Rifflard.

— Il demanda... un service que je ne voulus pas lui rendre.

— Vous le lui refusâtes?

— Oui.

— Et mal vous en prit, sans aucun doute?

— Il se retira de mauvaise humeur, en proférant les plus terribles menaces contre moi et les miens.

— En somme?

— Vingt-quatre heures plus tard, nous étions entourés, cernés par la gendarmerie. On nous enchaînait et l'on nous traînait en prison.

— A Strasbourg?

— Oui. Pour ma part, je restai oublié pendant cinq ans, après avoir été promené de prison en prison.

— Et au bout de ces cinq années?

— Un matin, on m'ouvrit la porte. Des gendarmes me mirent dehors et me conduisirent de brigade en brigade jusqu'aux frontières de la Suisse.

— Depuis combien de temps êtes-vous rentré en France?

— Depuis six mois... et cela grâce à la protection de...

Rifflard l'interrompit.

— Ne m'avez-vous pas dit, l'autre jour, que M. Jules portait au cou un sachet?...

— Suspendu à une chaîne en acier.
— En quoi est-il, ce sachet?
— En cuir fauve.
— Il a la forme d'une pièce de cinq francs, ajouta la religieuse. Dans le voyage que nous fîmes ensemble jadis, je me trouvai deux ou trois fois à même d'y jeter les yeux pendant son sommeil.
— Savez-vous ce que contient ce sachet?
— Non; peut-être un signe de reconnaissance.
— Docteur? fit l'ouvrier cambreur en se tournant du côté de M. Martel.

Celui-ci, qui venait d'ouvrir le gilet de l'ex-agent, tenait un objet de la forme et de la grosseur d'une pièce de cinq francs.

— Est-ce cela?

L'inconnu et la religieuse s'écrièrent ensemble :
— C'est ça, c'est bien ça !

Rifflard s'empara du sachet, l'examina un moment avec la plus scrupuleuse attention, le retourna sous toutes ses faces, puis se détournant à demi :
— Tenez, docteur, dit-il.

Le docteur prit le sachet, étonné que Rifflard ne le conservât point entre ses mains; mais voyant à l'attitude de ce dernier qu'il avait ses raisons pour agir de la sorte, il n'insista pas et repassa la chaîne au cou de l'ex-agent, toujours sans connaissance.

Alors Rifflard s'approcha de la religieuse, et se penchant à son oreille, il lui murmura ce peu de mots :

— Prenez courage, madame, espérez!

— J'espére en Dieu!

— Avant peu, ma sœur, un grand crime sera dévoilé, et justice obtenue.

— Le ciel vous entende mon frère. Je serai bien heureuse de réparer, avant de mourir, le mal que j'ai involontairement aidé à faire.

Cela dit, elle salua et se retira lentement, dans l'attitude de la prière et du recueillement.

Resté avec l'inconnu, l'ouvrier cambreur lui dit :

— Écoutez-moi, Jean Vadrouille.

C'était, en effet, Jean Vadrouille, le chef des bohémiens dont Rosette avait parlé au déjeuner de M. Lenoir.

Le vieux bohême écouta.

— Vous n'avez pas trompé mon attente, continua Rifflard. Soyez-sûr que je vous tiendrai compte de votre obéissance et de votre exactitude. Vous allez retourner immédiatement à Amiens.

— Bien, capitaine.

— Vous vous y installerez à nouveau.

— Oui, capitaine.

— Et surtout, ne quittez pas cette ville sans un ordre exprès...

— Ce sera fait.

— Ne fût-ce que pour une heure, pour une demi-heure. Vous me comprenez?

— Parfaitement, capitaine.

— Toute absence, si courte qu'elle soit, peut avoir des conséquences terribles.

— Soyez calme, mon capitaine, je ne bougerai pas de ma *cassine*.

— Avez-vous besoin d'argent?

— On a toujours besoin d'argent.

Rifflard, Passe-Partout ou le Capitaine, ainsi qu'il plaira à nos lecteurs de nommer le client du docteur Martel, donna à Jean Vadrouille l'argent nécessaire à son voyage et à ses démarches.

Une fois son viatique reçu, le vieux bohême, qui vit M. Jules commencer à s'agiter faiblement, glissa comme une anguille sur le tapis moelleux et silencieux du salon et disparut dans le corridor.

Rifflard se rapprocha du médecin.

Celui-ci donnait les derniers soins à M. Jules.

— Il était temps, fit-il; avant cinq minutes, ce misérable aura repris connaissance.

— Et il sera sur pied?

— Dans la plénitude de ses facultés.

— Ah! docteur, docteur! fit Passe-Partout avec un air plaisant de reproche, la médecine aura peut-être un jour un rude compte à rendre.

— Nous servirions-nous de ces armes-là, mon cher comte? demanda le praticien, ne sachant pas si Passe-Partout riait ou parlait sérieusement.

— Vous en savez autant que moi, docteur. Je suis assez de l'avis de ce César, qui répondait à l'un de ses serviteurs, affranchi ou non : Voilà une action qu'il fallait faire sans m'en parler, un service qu'il fallait me rendre sans m'en demander l'autorisation.

Le médecin tira silencieusement de sa trousse une lancette longue et acérée comme un stylet palermitain.

Passe-Partout remit la lancette dans la trousse et reprit avec un sourire sardonique :

— Notre homme peut se réveiller quand bon lui semblera. Le tour est joué.

— Mais, cher comte...

— Chut! docteur... il n'y a ni comte, ni Passe-Partout ici... Il n'y a que Rifflard, l'ouvrier cambreur... Ne l'oubliez pas.

— C'est juste... répondit le docteur Martel... il faut me pardonner, mon cher Rifflard... Mais, vrai, pour peu que je pense à autre chose, il ne m'est pas difficile de me tromper dans tous vos noms...

— Assez, fit Rifflard, en montrant M. Jules.

— Bien. Allez-vous en.

— Non. Je reste.

— Croyez-vous que je ne viendrai pas, tout seul, à bout de ce gaillard-là?

— Je ne doute de vous en rien, vous le savez, mon bon docteur, mais quoique battu par nous jusqu'à présent, maître Jules est un fin limier.

— Bast !

— Mon absence lui donnerait quelques soupçons.

— Et après?

— Je ne veux pas qu'il y ait d'*après* pour lui.

— A votre aise, fit le praticien avec un grain de mauvaise humeur.

— D'ailleurs, il est trop tard. Voyez?

En effet, l'ex-agent venait de faire deux ou trois mouvements nerveux.

Le docteur Martel le souleva et lui appuya la tête sur un des coussins du canapé.

M. Jules ouvrit les yeux.

Deux minutes après, grâce aux bons soins de son hôte et à la vigueur exceptionnelle de sa constitution, il se redressait et n'avait plus besoin d'aide pour se tenir debout.

Dans le premier moment, il ne comprit pas bien ce qui venait de lui arriver.

— Hé! la-bas! fit-il d'une voix qui, dépouillée de toute aménité artificielle, sentait le bagne ou le tapis-franc à pleines tonalités, hé! là bas! qu'est-ce qu'il y a? De quoi retourne-t-il? Où m'a-t-on niché? Il me semble que je dors depuis soixante-seize heures.

— Cela peut compter pour un bon somme, répondit le médecin, mais pour un somme fatigant.

— Quoi donc? Je suis brisé, moulu!... On

dirait qu'on m'a roué de coups de bâton... Ah çà !
Mais... il m'est arrivé quelque chose...

— Oui... ne cherchez pas. Vous voilà hors de cause.

— Vous dites?

— Hors de danger.

— Hors de danger?... Mais, sacrebleu!... je m'en souviens ; je viens de me trouver mal.

— Allons donc ! vous y venez.

— Je me suis évanoui...

— Vous y êtes.

— Comme une petite maîtresse.

— A peu près... repartit sérieusement le docteur Martel.

— Ah bien ! elle est *bonne*, celle-là !

— *Bonne*, peut-être, mais pas gaie.

— Laissez donc, dit l'ex-agent, qui retrouvait ses esprits en même temps que ses forces, c'est toujours gai, pour vous autres médecins, de voir des pratiques pousser à même la boutique. Qu'est-ce que je vous dois, mon sauveur? Car vous êtes mon sauveur, n'est-ce pas? ajouta-t-il en cherchant à jour l'ironie.

— Un peu. Vous ne me devez rien. Mes hôtes sont libres de se trouver mal, de se faire soigner et de décéder même dans ma maison de santé, sans qu'il leur soit réclamé le pourboire des infirmiers.

— Mazette! on fait bien les choses ici.

— C'est ainsi, répondit le médecin, sans sortir de son éternel et superbe sang-froid.

— On est gens de revue. On se retrouvera.

— Libre à vous.

— Voyons! voyons! en attendant que je retrouve les autres, si je me retrouvais moi-même un petit peu. Hein?

— Que cherchez-vous?

L'œil de l'ex-chef de la police de sûreté furetait dans tous les coins du salon.

— Parbleu! ce que je cherche? ce n'est pas difficile à deviner.

— Je ne devine pas.

— Où est-elle?

— Qui? elle?

— La femme... qui était ici quand je suis *syncopé*.

— Il n'y avait ici qu'une religieuse.

— Justement... une religieuse. Où est-elle? où l'avez-vous mise?

— Mais...

Comme pour répondre à la question de M. Jules, une porte s'ouvrit, et Joseph, le domestique, parut.

Sur un geste du docteur, il dit:

— Monsieur le docteur, la folle est rentrée dans sa chambre.

— Vous l'y avez enfermée?

— Oui, monsieur le docteur.

— Est-elle plus calme?

— Elle ne parle plus, elle ne bouge plus.

— On n'a pas usé de moyens de rigueur envers elle?

— Monsieur le docteur sait quelle est sa douceur. On n'a jamais besoin, avec elle, ni de douches, ni de camisole de force.

— Bien, Joseph, laissez-nous.

Le domestique se retira.

— Voilà ce que j'allais vous apprendre, dit simplement le praticien en se retournant du côté de M. Jules.

— Ainsi, cette femme?... demanda celui-ci avec vivacité.

— Cette femme est folle, depuis de longues années déjà...

— Sans espoir de guérison?

— Hélas! sans espoir.

L'ex-agent respira à pleins poumons.

Puis, rivant son regard sur le visage froid et placide du médecin, il laissa tomber sa tête sur sa poitrine.

— C'est étrange! murmura-t-il.

— La pauvre créature, reprit le docteur Martel, ne sort de son immobilité que pour renouveler huit ou dix fois par jour la scène à laquelle vous venez d'assister.

— Ah!

— Il doit y avoir sous jeu quelque ténébreuse histoire, quelque pénible souvenir dont, malheureusement, on ne saura jamais le premier mot.

— Qui sait? répliqua l'agent d'un air pensif. Vous la connaissez, cette malheureuse?

— Je ne connais d'elle que sa folie.

— Comment?

— Amenée par un grand seigneur étranger, qui n'a pas voulu me dire son nom, mais qui a payé sans marchander le prix de sa pension dans mon établissement, elle vit entourée de soins et d'égards, vous le voyez.

— Bon, après?

— Après? mais rien! Je suis médecin. Je me dois à ceux qui souffrent, quel que soit leur passé. Je n'ai pas essayé de découvrir un secret qui ne me concerne en rien et qu'on semblait vouloir me cacher.

— Et vous avez bien fait, docteur, s'écria l'ex-agent.

— Vous trouvez?

— Vous avez agi en honnête homme.

— Ainsi, les honnêtes gens, mon cher monsieur Jules, sont, à votre compte, ceux qui ne s'occupent jamais des affaires des autres? dit imperturbablement le médecin.

— Sans doute, répondit M. Jules avec embarras.

— Enchanté d'apprendre cela de votre bouche.

Et le docteur Martel allait prendre congé de son nouveau client, quand l'ouvrier cambreur, qui avait écouté silencieusement l'entretien précédent, s'avança et lui dit :

— Vous n'avez plus besoin de moi, monsieur le docteur?

— Non, mon bon Rifflard, vous pouvez vous retirer. Seulement, ne l'oubliez pas, demain je vous attends.

— Je viendrai de bonne heure.

— C'est cela.

— Au moment où Rifflard se dirigeait vers la porte, M. Jules l'interpella :

— Vous vous en allez?

— Oui, monsieur.

— De quel côté allez-vous ?

— Je remonte du côté des halles... je demeure rue aux Fers.

— Voulez-vous me rendre un service, monsieur Rifflard.

— Tout de même.

— Je me sens encore un peu *bancroche*... un peu faible... Je ne suis pas très-solide sur mes jambes... donnez-moi le bras...

— Jusque chez vous ?

— J'ai à causer avec vous.

— Vous me flattez, monsieur Jules. A votre service. Je ne suis pas pressé, moi.

— J'accepte, et je vous revaudrai ça un jour ou l'autre.

— Ah! vous me l'avez déjà promis, répondit l'ouvrier en faisant allusion aux menaces récentes de l'agent.

— Ne pensons plus à ça. Le service qu'on me rend efface les *piques* que j'ai pu avoir. La main retournée, je ne pense plus aux coups que j'ai donnés ou reçus.

M. Jules dit adieu au docteur Martel et partit donnant le bras à Rifflard, l'ouvrier cambreur.

X

Où Rifflard soulève son masque.

Le fiacre attendait toujours à la porte de la maison de santé du docteur Martel.

— Montons, dit M. Jules.

— Bah! vous avez une *roulante!* fit l'ouvrier en employant le langage favori de son compagnon, quel genre! Alors, je vous suis inutile. Bien le bonsoir!

— Non pas! restez, je vous en prie. Je ne fais qu'une course ici près, et nous laisserons la voiture à l'entrée de la place de la Concorde. Marcher me fera du bien.

— Vous y tenez?... Allons-y, répondit Rifflard avec insouciance.

Ils montèrent en voiture.

L'ex-agent dit au cocher :

— Retourne à l'endroit d'où tu viens.... Cinq francs de pour boire si tu y vas au grand trot.

Grand ou petit, toujours est-il que stimulé par cette promesse argentée, l'automédon fit prendre le trot à ses deux petites bêtes bretonnes.

Bêtes et gens, les uns portant les autres, s'arrêtèrent, peu d'instants après, devant la maison de la rue des Batailles, que M. Jules venait de visiter avant de se rendre chez le docteur Martel.

L'agent ouvrit précipitamment la portière.

L'ouvrier se préparait à descendre avant lui pour lui donner le bras, mais l'autre refusa.

— Voulez-vous avoir la complaisance de m'attendre cinq minutes ? fit-il.

— Bon, répondit Rifflard, mais ça va donc mieux, que vous n'avez plus besoin de votre bâton de vieillesse ?

— Ça va mieux, oui, merci. Attendez-moi, je ne fais que monter et descendre.

— Oh ! j'attendrai tant qu'il vous plaira.

M. Jules descendit du fiacre et pénétra dans l'allée de la maison.

A peine eut-il disparu qu'un sifflement doux et modulé comme le chant d'un pinson sortit de l'intérieur de la voiture.

Le cocher se dressa sur son siége et écouta.

Le même sifflement se fit entendre.

Sans avoir l'air de rien, le cocher descendit et se mit à arranger l'une des lanternes de son véhicule.

— *A quelle heure se lève la lune?* demanda l'ouvrier cambreur, qui passa la tête par la portière.

— *Elle est levée pour moi,* répondit le cocher sur le même ton.

— *Et pour qui encore?*

— *Pour ceux qui voient tout et qu'on ne voit pas.*

— C'est toi, *Caporal?*

— Oui, compagnon.

— Les ordres ?

— Exécutés.

— De point en point ?

— Oui.

— Le rapport ?

— Filoche a été découvert vers les deux heures de l'après-midi. Je l'ai lancé sur M. Jules. Il l'a conduit ici dans la journée. Tout était prêt et réglé. M. Jules parti, le comte endormi a été enlevé et transporté chez le docteur Martel.

— Je sais cela; et Filoche ?

— Parti avec sa femme.

— Suivra-t-il Mouchette ?

— Il le surveille, déguisé en Robert-Macaire pris de vin.

— A merveille. Ainsi, tout est *paré?*

— *Paré!* répéta Caporal, qui jusque-là n'avait

fait que répondre sans regarder le visage de son interlocuteur. Tiens! c'est vous, capitaine?

— Oui, mon brave.

— Ne vous inquiétez de rien. La Cigale est installé là-haut. Tout malin qu'il soit ou qu'il se croie, M. Jules n'y verra que du feu.

— Ce soir, là-bas, avec la Cigale, n'est-ce pas?

— Pour que j'y manque, à ce rendez-vous-là, on me coupera bras et jambes.

C'est bien, Caporal, je suis content.

— Moi aussi, capitaine.

Rifflard se renfonça dans la voiture, laissant le cocher remonter sur son siége.

Quelques minutes s'écoulèrent.

M. Jules sortit de la maison.

Il ne se ressentait plus des émotions et des souffrances par lesquelles il venait de passer.

Un observateur sagace n'aurait pu dire s'il était plus déconcerté que furieux.

Donnant l'ordre à son cocher de se rendre au coin de la rue Royale, il s'installa auprès de l'ouvrier cambreur, qui se recula pour lui faire place, avec tous les égards dus à son âge, à sa position, à sa santé compromise et à sa déconvenue, haute de six étages.

Pas un mot ne fut échangé entre les deux hommes durant tout le trajet — et il fut long — de la rue des Batailles à la rue Royale.

On stationna enfin.

Les deux voyageurs descendirent.

L'ex-agent paya, puis, prenant le bras du jeune ouvrier, il alla du côté du boulevard.

A la hauteur de la rue Saint-Honoré un embarras de voitures les força à s'arrêter devant un cabaret, qui existait alors à l'angle de la rue Royale et de la rue Saint-Honoré, cabaret ayant pour enseigne : *A la Porte Saint-Honoré*.

— Ah ! çà ! monsieur Jules, fit Rifflard, qui profita de la circonstance pour adresser la parole à son taciturne compagnon, ah ! çà ! vous m'aviez dit que nous allions causer. Il faut croire que l'envie vous en a drôlement passé, ou bien que vous avez perdu la langue ?

— Hein ! quoi ? Il n'y a rien de drôle dans tout cela, fit l'autre, qui ne donnait évidemment aucune attention à sa réponse.

— Parbleu ! je m'en doute bien qu'il n'y a rien de drôle... pas même de donner le bras à un particulier plus sombre que s'il ruminait un mauvais coup.

— Un ?

— Un crime !

— Un crime ! Qui parle de crime ici ? s'écria l'agent avec un tressaillement nerveux.

Ce tressaillement n'échappa point à son compagnon.

— Qui en parle ? moi !

— Et à quel propos ?

— A propos... à propos de ma soif... J'étouffe...
Je boirais bien quelque chose... Si nous entrions
là-dedans..., ajouta-t-il en montrant le cabaret de
la *Porte Saint-Honoré*, ça vous délierait le larynx...

— Peut-être bien.

Au moment d'entrer dans ce bouchon, M. Jules
se retourna vers Rifflard et lui dit avec un mauvais
sourire :

— Ne joue pas à ce jeu-là avec moi, petit... Il
t'en cuirait.

— Laissez donc, répliqua l'autre en hochant la
tête, vous mettez de la malice dans la chose la
plus innocente.

— Tu veux me faire boire?

— Pour vous faire jaser, pas vrai?... C'te bêtise!... Puisque vous ne demandez qu'à aller!
répondit l'ouvrier cambreur, qui chercha à rompre
les chiens, se voyant découvert.

— C'est vrai ; la même idée m'était venue.

— Ah! bien, vous me voulez promener dans les
vignes du père Noé... Après tout, ce ne serait pas
de refus.

— Mais je n'ai pas de temps à perdre ; sans cela,
quoique je sois sûr que tu tiennes pas mal de litres,
je t'aurais montré ce que c'est que ma tête.

— Cristi ! vous m'en faites venir l'eau à la
bouche.

— Essuie-toi le bec et n'y pense plus, mon garçon.

Tout cela se disait en marchant.

— Voyons, mon bon monsieur Jules, reprit Rifflard après un moment de réflexion. Il n'est pas possible que vous serriez votre langue dans le fond de votre palais, sans un motif aux pommes.

— Tu veux m'attendrir... pour m'exciter à la confiance, hein?

— Ah! vous êtes malin... il n'y a pas moyen de *piger* avec vous.

— Que veux-tu savoir?

— Vous avez quelque chose qui vous tracasse.

— Eh bien!

— Qu'est-ce que c'est?

L'agent s'arrêta.

— Tu es curieux, mon bon Rifflard? lui dit-il.

— Il faut bien passer le temps.

— Soit. Je suis bon prince. Sais-tu ce que je suis allé faire rue des Batailles? lui demanda-t-il avec brusquerie.

— Ma foi, non, répondit son compagnon sans qu'un des muscles de son visage bougeât.

Il flairait le piége.

M. Jules espérait que la soudaineté de la question troublerait son interlocuteur.

Voyant qu'il n'en était rien, il continua :

— Eh bien! je vais te le dire.

M. Jules tutoyait toutes les personnes qu'il voyait pour la deuxième ou troisième fois, dès que ces personnes lui paraissaient occuper, dans la société parisienne, une position inférieure à la sienne.

Rifllard le savait.

Aussi cette familiarité, loin de le blesser en quoi que ce fût, lui était une garantie, — une garantie de sécurité.

— Je vous écoute, monsieur Jules.

L'ex-agent fut sur le point de commencer un récit sans queue ni tête.

Il pensait, à part lui, que de la sorte il saurait bien distinguer à la longue sur les traits de son auditeur une expression quelconque d'étonnement ou d'incrédulité.

Mais il renonça à ce petit moyen.

Voyant que l'ouvrier cambreur attendait toujours, il se décida à lui rompre en visière.

— Ainsi, lui dit-il en le regardant bien en face, voilà une petite comédie que vous allez me mettre en cinq actes, hein? mon bon ami.

— Vous dites?

— Je dis, mon vieux, qu'il vaudrait mieux nous contenter des deux que vous avez déjà joués à mon bénéfice, ce matin rue des Noyers et ce soir chez le docteur Martel.

— Tiens! fit Rifllard avec tristesse, vous ne me tutoyez plus. Pourquoi donc ça, mon cher monsieur Jules?

— Parce que voilà six mois que vous me roulez, et que j'en ai assez comme ça.

— Ah!

— Oui.

— A votre aise. Tutoyez-moi, ne me tutoyez pas, c'est affaire à vous. Seulement laissez-moi vous certifier que je ne comprends pas un traître mot à vos allées, à vos venues, à vos phrases et à vos contre-phrases.

— Bien. Voyons. Jouons-nous cartes sur table? demanda l'ex-agent.

— Dans quel but?

— Pour abréger la partie.

— Votre enjeu?

— Ma réputation.

— Peuh! fit Rifflard avec une moue expressive. Contre quoi?

— Contre votre tête.

— C'est peu contre beaucoup. Pas si dupe! fit froidement l'ouvrier cambreur. D'ailleurs, je ne suis pas joueur. Repassez demain, mon brave homme, on a déjà donné à votre fils.

— Allons, *poitrinez*, si cela vous convient, continua M. Jules, moi, je vais découvrir mon jeu. Nous verrons bien si ça ne mettra pas de l'eau dans votre vin.

— Voyons.

— Mon bon Rifflard, ouvrier cambreur... pendant que j'examinais la peau d'âne que vous vous êtes jetée sur le corps, le bout de votre oreille a passé. Je sais maintenant à quoi m'en tenir sur vous et les vôtres.

— Parlez.

— Oh! ne craignez rien, s'écria M. Jules, vous ne perdrez rien pour attendre. Depuis six mois, vous accomplissez des prodiges d'adresse, des miracles d'audace.

— Moi?

— Vous-même. Ne m'interrompez pas. Je suis sûr de ce que je dis. Voilà plus de six mois que je vous suis à la piste...

— Ah! bah! fit Rifflard d'un air étonné.

— Sans vous perdre une minute, une seconde de vue.

— Et votre bureau? demanda l'autre dans son incrédulité.

— Et ma police?

— Oh! alors!

— Quoi, alors?

— Rien.

— Mais encore, expliquez-vous.

— Faut de la police, pas trop n'en faut.

— Il y a un pied de trop, fit M. Jules en riant.

— Coupez-le.

— Ce n'est pas sous ce pied-là que pousse l'herbe que je voudrais couper.

— Bah!

— Non. Vous allez voir, mon petit Rifflard, que des recherches bien faites, suivies avec persévérance, amènent toujours un résultat satisfaisant.

— Voyons.

— Il existe à Paris, continua l'ex-agent, une Société...

— J'en connais plusieurs... mêlées, interrompit l'ouvrier cambreur, qu'envahissait un commencement d'inquiétude.

— Ce n'est pas de celles-là que nous causerons.

— Tant pis.

— Il existe, dis-je, en ce moment...

— Je vous ferai remarquer, mon bon monsieur Jules, que *en ce moment* est un pléonasme. Si votre société existe... il est évident... qu'elle existe *en ce moment*.

M. Jules ne fit que rire des observations saugrenues que maître Rifflard lançait au beau milieu de son discours.

Il sentait, il devinait parfaitement la tactique de son adversaire.

L'impatienter, le faire sortir des gonds, et le forcer à se mettre dans une de ces colères où il ne se souvenait plus de rien, tel était le plan de l'ouvrier cambreur.

Mais l'ex-agent tenait à prouver la valeur de son personnel.

Il se contint.

Et de sa voix la plus aimable, il reprit pour la troisième fois :

— Il existe, à Paris, une société, que ses membres nomment la *Société des Invisibles.*

— Ah! ah! c'est un nom bien trouvé... fit son

compagnon avec une admiration naïve, jouée au mieux, tandis qu'un frisson glacial courait dans ses veines. A une condition pourtant...

— Laquelle?

— C'est que ces membres, vous ne les ayez jamais vus.

— Ah! voilà! continua M. Jules... Cette Société, dont la puissance est immense...

— Vous en convenez?

— A des ramifications dans l'univers entier.

— Et dans mille autres lieux, ajouta Rifflard, qui se trouvait en veine de plaisanteries musicales.

— Ses membres se répartissent sur tous les degrés de l'échelle sociale.

— Quel style, monsieur Jules!

— Il faut bien que les couleurs soient dignes du tableau. Le chef de la Société des Invisibles se trouve placé au rang le plus élevé du grand monde parisien.

— De plus fort en plus beau.

— Ce chef, vous le connaissez, maître Rifflard.

— Vous dites?

— Ce que vous savez aussi bien que moi, répondit l'ex-agent d'un ton goguenard.

— Je le veux bien, dès que cela vous fait plaisir.

— Niez-vous l'existence de cette Société?

— Moi? pas le moins du monde.

— Niez-vous qu'elle ait un chef?

— Je lui permets d'en avoir dix-huit.

— Niez-vous que vous en fassiez partie?
— Qui?... de quoi?...
— Vous, de la Société des Invisibles?
— Monsieur Jules! monsieur Jules! ceci sort du programme que nous nous sommes tracé. Vous m'avez demandé mon bras, je vous l'ai donné. Vous m'avez promis de me raconter un tas de jolies choses. Vous me racontez des *gandoises* de l'autre monde. Et vous me faites subir un interrogatoire, comme on ne m'en ferait subir que sur les bancs de la correctionnelle (6ᵉ chambre). Si vous croyez que je ne vais pas profiter de la première occasion qui se présentera pour vous lâcher de belle manière?...

— Oui! oui! oui! Bon! bon! bon! Zigzaguez! bifurquez! pataugez! vous ne me ferez point prendre une fausse piste!

— Encore!

— Cher monsieur, répéta l'ex-chef de la police de sûreté, vous êtes membre de la Société des *Invisibles*.

— Honoraire ou titulaire?

— Un des chefs peut-être de ces Protées insaisissables...

— Insaisissables... repartit ironiquement Rifflard. Les insaisissables... c'est aussi ronflant que les *Invisibles!*

— Oui, riez, riez! Je suis sûr de mon affaire.

— Avouez, mon bon monsieur Jules, que vous

vous donnez beaucoup de mal pour peu de bien?

— Ce qui signifie?

— Que si cette Société existe... la première chose à faire est de connaître le but vers lequel tendent ses efforts.

— En effet.

— Le connaissez-vous, ce but?

— Pas tout à fait.

— Pas du tout.

— Pourquoi ça?

— Pourquoi, monsieur? Parce que si vous le connaissiez, dit l'ouvrier cambreur avec tant de hauteur et de sérieux que l'ex-agent perdit de sa superbe et de son assurance, si vous le connaissiez, vous n'en parleriez pas si haut en plein boulevard, au risque de prononcer le dernier mot qui dût échapper de vos lèvres.

— Hein? une menace. Nom d'un tonnerre! J'ai fait serment de vous démasquer, vous et les vôtres; je réussirai à tenir ce serment, ou j'y laisserai ma peau.

— Qui en voudra? fit tranquillement son compagnon.

M. Jules s'arrêta.

— Rifflard voulez-vous être des miens?

— Bien. Voici que vous me proposez une infamie, à présent. Ce qui est très-bête.

— Parce que?

— Parce qu'en supposant que je sois ce que

vous pensez, si je suis assez lâche pour trahir MM. les insaisissables ou les invisibles, comme il vous plaira de les appeler, il n'y a aucune raison de croire qu'à un moment donné je ne vous trahirais pas en faveur de ces messieurs.

— Oui, mais moi, je vous repincerai.

— Croyez-vous qu'ils aient la main moins longue que vous?

— Ainsi, vous refusez mon offre?

— Avec enthousiasme.

— N'en parlons plus, monsieur Rifflard, dit l'ex-agent d'une voix brève et caressante... seulement, à l'avenir, prenez mieux vos précautions quand vous voudrez bien m'honorer de vos visites.

— Ah! ah! vous m'avez fait suivre?

— Un peu, *mon cousin*. Il faudrait recommander à vos amis et connaissances de ne pas décliner si souvent vos grades et qualités.

— Déclinez-m'en un.

— Au hasard? fit M. Jules en souriant d'un air triomphateur.

— Un seul.

— Je pourrais vous faire droguer plus longtemps, mon *cher capitaine*... vous m'entendez bien... mon *cher capitaine*...

— Ah! ah! vous êtes instruit de cela... murmura l'ouvrier, dont l'œil lança un éclair fauve.

— De cela et d'autres détails encore qui pourront vous gêner à la longue.

— Pourquoi me dites-vous cela? demanda négligemment le compagnon de l'ex-agent.

— Pour ne point passer pour un vantard, pour un gascon! afin que, à l'avenir, vous fassiez plus de cas d'un homme qui voulait être votre ami et dont vous venez de gagner l'inimitié.

Rifflard réfléchit un moment, puis de sa voix la plus tranquille :

— C'est un tort.

— Expliquez-vous.

— Vous prétendez devoir nous gêner dans toutes nos entournures?

— Je ferai mon possible.

— Si vous devenez gênant, on vous supprimera.

— Hein? s'écria M. Jules, avec un haut-le-corps de retraite.

— On vous supprimera.

— Hop là! sautez muscade! répondit l'ex-agent en prenant le fausset d'un escamoteur forain. Ainsi, vous avouez?

— Oui.

— Vous convenez de tout?

— Oui.

— Vous êtes un invisible?

— Rifflard ou capitaine, à votre choix.

— Nous nous retrouverons en temps et lieu plus opportuns.

— Plus tôt que vous ne le pensez, maître jurémouchard, fit le compagnon de M. Jules en lui serrant le bras à le lui briser.

— Hé! là! Pas si fort ou je cogne.

— Essayez.

L'ex-agent se secoua de son mieux.

Rien n'y fit.

Malgré sa force herculéenne, l'étau qui l'enserrait ne lâchait pas prise.

M. Jules se mit à rire jaune et demanda merci en plaisantant.

— Souvenez-vous bien, lui fut-il répondu, qu'un jour vous demanderez sérieusement grâce et merci ; mais que ce jour-là il me sera beaucoup plus difficile d'accéder à votre demande.

— J'ai bonne mémoire.

— Ne continuez pas. Voilà une phrase qui vous a porté malheur déjà aujourd'hui, chez le docteur Martel.

Tout ce qui venait de lui arriver, tout ce qu'il avait oublié dans son entretien avec l'ouvrier cambreur, passa subitement devant les yeux de l'ex-agent.

Il se souvint du double comte de Mauclerc, de la sœur Agathe, de son évanouissement, de Filoche remplacé dans son taudis par la Cigale.

Il pensa que mieux vaudrait pour lui abandonner ce côté de ses occupations, et se rejeter dans ses affaires nocturnes.

Il se décida à rendre la liberté à son compagnon.

Mais celui-ci n'avait pas attendu le bon plaisir de M. Jules.

Un fiacre les suivait depuis quelques instants.
Il fit un signe.
Le cocher s'arrêta.

Rifflard monta dans la voiture, puis, attirant doucement son adversaire déclaré en étendant le bras par la portière :

— Un dernier mot, mon bon ami !... lui dit-il.
— Allez !
— Vous êtes content de vous et fier *comme Artaban*, parce que vous avez deviné que Rifflard n'était pas mon nom ? Vous faites blanc de votre épée parce que vous connaissez la nuance de mes cheveux et la couleur de mes yeux ? Tout le monde en sait autant que vous.
— Eh bien ?
— Moi, je vais vous prouver que sans bruit, sans embarras et sans scandale, il est possible de savoir telle chose, d'avoir la clef de telle énigme, que les plus malins en jettent leur langue aux chiens.

— *Poussez votre venin*, monsieur Rifflard, riposta l'ex-agent, moitié colère, moitié curieux.

— Portez la main au sachet mystérieux que vous portez suspendu à votre cou, et vous me dispenserez de vous en dire davantage.

M. Jules pâlit et chancela comme s'il avait reçu une balle en plein corps.

Au même instant, et sans que l'ouvrier cambreur, Rifflard ou le capitaine, eût eu besoin de donner une adresse, un ordre au cocher, le fiacre partit au galop de ses deux chevaux, qui, sous les apparences les plus misérables, cachaient une ardeur et une vitesse peu communes.

La voiture disparue, M. Jules, qui était demeuré stupéfait, porta vivement la main à son cou, et retirant le sachet qui y était suspendu, il l'examina avec une anxiété sans égale.

Le résultat ne fut sans doute pas des plus rassurants, car il s'écria avec une explosion de rage indicible :

— Mille millions de tonnerres! ce démon a raison! Je suis perdu! Ils me tiennent... si je ne les écrase pas.

XI

Un amour vrai.

Le premier soin de Rifflard, que nous n'appellerons plus maintenant ni Passe-Partout, ni le capitaine, mais tout simplement le comte de Warrens, fut de baisser les stores de la voiture qui l'emportait loin de son ennemi déclaré.

Certain alors de pouvoir braver à son aise les regards des indiscrets ou des curieux, il prit un paquet placé sur la banquette de devant et le dénoua.

Ce paquet renfermait une toilette de ville complète.

En moins de dix minutes, le comte procéda à

son changement de costume avec une dextérité témoignant l'habitude qu'il avait de se passer de valet de chambre.

Le noir Saturne eût été humilié de la rapidité de main montrée par son maître en certaines circonstances.

Une petite glace se trouvait fixée à la planchette de bois séparant les deux carreaux du devant de la voiture.

Après avoir quitté ses vêtements d'ouvrier endimanché, et après avoir endossé les habits contenus dans le paquet sus-indiqué, M. de Warrens alluma une sorte de *rat-de-cave* qui se trouvait dans une des poches de la voiture, et se mit à changer son visage, à se *faire une tête,* comme eût pu dire M. Jules ou son digne acolyte, le sire Coquillard-Charbonneau.

Ces deux derniers ne manquaient pas d'une certaine adresse dans ce travail de métamorphose; mais le comte les laissait bien loin derrière lui, aussi loin qu'un peintre de premier ordre laisse un peintre d'enseignes.

En un tour de main, il venait de se donner l'apparence et les allures d'un étudiant en droit ou d'un élève en médecine âgé de vingt-quatre à vingt-six ans.

Cela fait, il éteignit sa bougie, entortilla les vêtements qu'il venait de quitter, et jeta le tout dans un coffre placé sous la banquette de derrière.

La voiture continuait à rouler bon train, le long des boulevards.

Le comte releva les stores et fit un signal.

Elle changea de direction sans ralentir son allure, et s'engagea dans les rues avoisinantes.

Peu après, elle s'arrêta devant l'église de la Madeleine.

Le comte de Warrens descendit, congédia le cocher qui venait de le conduire sans lui adresser un mot, une question, et il entra dans l'église.

La Madeleine était presque déserte et faiblement éclairée.

De rares fidèles, disséminés çà et là, priaient dans la tranquillité la plus profonde.

Le comte s'arrêta auprès d'un pilier.

Alors il se passa dans son âme un phénomène que tout chrétien comprendra.

Cet homme, qui consacrait la plupart des heures de sa vie à l'accomplissement de projets purement humains, à la réalisation de desseins philosophiques, sociaux, mais terrestres; qui, par la multiplicité de ses occupations, ne trouvait pas un instant où il pût élever son âme jusqu'à Dieu, cet homme, que le hasard faisait traverser le saint lieu, sentit une force irrésistible l'entraîner loin de cette vallée de misères.

Il oublia, soudainement, le but vers lequel tendaient ses efforts gigantesques.

Il fit litière des moyens, hors la loi, hors la

société, employés par lui pour arriver à une fin digne de la grande association dont il était le chef.

Il mit le pied sur ses souvenirs éloignés, sur ses inquiétudes récentes, et regardant face à face l'image de ce Dieu qui semblait lui dire : « Marche, marche, agis et triomphe en mon nom ! » il se sentit humble, petit, chétif, devant son créateur, mais puissant et plein de force contre les créatures sorties du droit chemin.

Une courte, une ardente prière, monta de son cœur à ses lèvres.

Ce devoir accompli, le comte de Warrens traversa la nef.

Aucun des fidèles, absorbés dans leurs pratiques religieuses, ne se retourna et ne prit garde à lui.

Il sortit par le côté de l'église opposé à celui par lequel il venait d'entrer.

Prenant ensuite la rue de la Ville-l'Évêque, il tourna dans la rue d'Astorg, et s'engagea dans la rue Roquépine.

Personne ne le suivait.

Sûr de sa solitude, le comte de Warrens marcha rapidement jusqu'à un mur élevé.

Dans ce mur était enclavée une porte basse, barrée, cadenassée et qui semblait n'avoir, depuis longues années, donné accès à âme qui vive.

Le comte s'arrêta, explorant une dernière fois la rue du regard.

Nul passant ne longeait les trottoirs ni la chaussée.

Rien de suspect.

Il frappa deux coups légers, assez espacés, et il attendit.

Un grincement de clef se fit entendre dans la serrure.

Il frappa trois autres coups, plus violents, avec précipitation.

Une voix murmura à l'intérieur :

— Noël ?

— Edmée ! répondit-il.

La porte s'ouvrit sans le moindre bruit.

Le comte de Warrens se glissa dans l'entrebâillement et la porte se referma sur lui.

Il se trouvait dans un parc ombreux, malgré la saison.

Ce parc dépendait du corps de logis principal de la maison sise rue d'Astorg, n° 35.

C'était dans ce corps de logis mystérieux, hermétiquement clos, aux apparences pleines de vétusté et de solitude, que certains locataires de la maison gardée par le père Pinson, avaient cru voir, à travers les fissures des volets fermés, des lueurs fantastiques aux heures les plus avancées de la nuit.

Mais le comte n'était pas seul.

Près de lui se tenait la personne qui lui avait ouvert la porte de ce parc silencieux.

Cette personne n'était autre qu'une jeune fille de dix-sept à dix-huit ans au plus.

De prime abord, rien ne frappait en elle.

La simplicité de son costume rejaillissait sur tout son être.

Sa blonde et abondante chevelure, tordue en une double natte qui venait surmonter deux bandeaux collés sur des tempes d'une blancheur éclatante, était une de ces beautés qu'un époux seul a le droit de détailler.

Sa taille flexible, et mince à tenir dans les dix doigts, disparaissait sous un ample caraco nécessité par la rigueur de la saison.

Une cape bleue lui couvrait la tête et une partie du visage. Un jupon, plutôt court, laissait voir ses pieds mignons, enchâssés dans des sabots.

La jeune fille, que M. de Warrens avait appelée *Edmée*, était plutôt mise comme une fermière que comme une demoiselle de haut lignage.

Pourtant, à la longue, dans l'élévation du front, dans la franchise et la hauteur du regard, dans la manière de porter ce costume, simple et rappelant celui des femmes ou des filles vendéennes du dix-huitième siècle, un observateur sagace eût vite reconnu une fille de race noble, que les malheurs des temps ou des idées arrêtées avaient décidée à se vêtir de la sorte.

Il y avait bien de l'orgueil, un noble orgueil peut-être dans cette simplicité de mise, poussée jusqu'à l'exagération.

Peut-être aussi y avait-il autre chose que de l'orgueil, peut-être y avait-il un grand dévouement.

Ce que nous pouvons tenir pour certain, c'est que le comte de Warrens ne donna aucun signe d'étonnement à la vue de ce costume.

Il prit les mains que lui tendit la jeune fille, et sans qu'elle fît l'ombre de résistance, sans que ni lui ni elle y vissent le moindre mal, il les couvrit de ses baisers.

C'était là une grande preuve de respect donnée par lui à son guide charmant.

C'était bien un véritable hommage rendu par un noble vassal, convaincu de ses droits, à une maîtresse et suzeraine daignant descendre jusqu'à lui.

Mais le vassal savait qu'il ne devait pas franchir une certaine limite.

La suzeraine, sûre de sa puissance, ne concevait pas une crainte, pas une inquiétude.

Elle se disait qu'à son premier geste, à son premier mot, tout rentrait dans l'ordre, et, confiante, heureuse de se sentir adorée comme une divinité, elle ne retirait pas ses mains, elle ne se lassait pas de regarder le visage du comte, rayonnant d'amour et de bonheur.

— Vous avez bien tardé, monsieur! fit-elle enfin avec un accent de reproche qui rappela le comte de Warrens aux tristesses de la réalité.

Le comte de Warrens descendit de son ciel.

Puis, laissant aller les mains de la jeune fille, il lui répondit :

— Monsieur! pourquoi m'appeler ainsi, Edmée?
Ai-je mérité ce chagrin?

— Oui.

— Chère Edmée!

— Voilà bien des soirées, déjà, que je viens à
cette porte. Que de longues et douloureuses heures
j'ai passées là, à vous attendre!

— Je vous jure...

— Ne m'interrompez pas, ajouta Edmée faisant
une moue volontaire qui lui allait à ravir ; je veux
d'abord que vous compreniez bien tout ce que j'ai
souffert par votre faute, et après je vous permettrai de vous défendre, de me répondre, de vous
justifier ?

— Parlez! parlez! s'écria le jeune homme, qui
la contemplait dans une douce extase.

— Oui... je suis venue chaque soir à cette même
place...

— Que m'y avez-vous envoyé...? interrompit le
comte.

Elle l'empêcha de continuer.

— Méchant! c'est ce que vous auriez fait à ma
place, sans doute. Mais moi, je n'agis pas de la
sorte, quand j'aime. Et, vous le savez bien, quels
que soient vos torts, je vous aime et je ne rougis
pas de l'avouer.

— Je ne suis pas encore digne de cet amour,
chère enfant, dit-il.

Et il voulut reprendre une de ces mains aux

attaches fines, aristocratiques, qui venaient de lui échapper.

— Enfant! moi, Noël?

— Ah! vous ne m'appelez plus : Monsieur?

— Si vous me le faites remarquer encore une fois, repartit-elle avec un peu de confusion, je vous le jure, d'ici à longtemps, votre nom ne sortira plus de ma bouche.

— Je me tais.

— Bien. Vous m'avez oubliée, avouez-le.

— Moi, vous oublier! quand votre père...

— Mon père... mon père! ce n'est pas de lui qu'il s'agit, s'écria-t-elle avec une légère impatience. De lui, je sais que vous vous en occuperez à tous les instants de votre vie.

— Ingrate!

— Mais en dehors de lui, il y a *moi*, que vous traitez comme si je n'étais pas votre vraie, votre sincère amie... d'autant plus votre amie, que je serai un jour votre femme, comme je suis aujourd'hui votre obligée.

La jeune fille venait de prononcer ces mots, qui eussent gêné tout autre, avec une noblesse d'expression n'appartenant qu'à elle.

Le comte de Warrens fut sur le point de tomber à ses pieds, de baiser le bas de sa robe et de lui crier :

— Sois ma femme avant le moment fixé par ta volonté!

Mais tous les obstacles qui, en dehors de la résolution prise par Edmée, se seraient dressés infranchissables entre elle et lui, lui apparurent.

Il étouffa le mouvement passionné qui avait été sur le point de le pousser à une demande insensée, et se prenant le front à deux mains, concentrant toute son énergie dans cette minute, il rentra en lui-même.

La jeune fille, qui, dans sa pureté, ne comprenait pas, ne devinait pas le combat livré en cette âme énergique par l'ardente passion de l'amant à la générosité de son défenseur, à la reconnaissance du champion de sa famille, le vit secouer son émotion, frémir, trembler; elle crut l'avoir blessé dans sa délicatesse, dans son amour.

Un revirement se fit en elle.

D'accusatrice elle devint accusée.

Elle se reprocha à elle-même sa dureté pour lui.

S'avançant vers lui, elle lui dit de sa voix la plus suave :

— Je vous ai fâché? Noël! Vous m'en voulez! Il ne faut pas m'en vouloir, voyez-vous, mon ami! J'ai des moments d'impatience... d'impatience injuste, j'en conviens... mais si vous saviez... toutes mes pensées sont tournées vers vous, en dehors de mon père... et quand vous me manquez, le reste me manque... Je ne me sens plus vivre... et alors, comme je ne veux pas pleurer sur mes propres douleurs, si infimes auprès des malheurs de tous

les miens, je deviens irascible, méchante, ingrate...
et je comprends bien qu'on m'en veuille et qu'on
s'irrite contre mes caprices, contre mes mauvaises
humeurs,.. si peu dignes d'intérêt.

Il l'écoutait avec enchantement.

Il buvait ses paroles.

De son cœur une seule réponse s'échappait :

— Ange! ange! ange!

Ses lèvres la retinrent, pour ne pas l'interrompre.

Edmée essuya une larme, perle précieuse tombant sur un lis entr'ouvert.

Elle attendit un mot du comte.

Voyant qu'il se taisait, elle reprit :

— Vous ne me pardonnez pas... c'est mal? Voilà bien longtemps que vous n'êtes venu... et la première fois que je vous revois, vous me tenez rigueur pour un mouvement d'impatience qui, si vous aviez été à ma place, se serait changé en un accès de colère...

Et comme Noël allait faire un geste de dénégation, elle crut l'avoir fâché encore plus, et elle reprit du ton le plus humble et le plus caressant :

— Non! non! je me trompe... je ne sais ce que je dis : voyez-vous, je suis si contente quand je vous ai, là, près de moi... quand je suis sûre de passer quelques instants auprès de vous, que je ne me reconnais plus... Noël, mon ami, je vous demande pardon de mes méchancetés... Voyons... suis-je pardonnée?

— Edmée ! fut tout ce que lui répondit le comte d'une voix étouffée.

Mais leurs mains se rencontrèrent de nouveau.

Ce qu'elles se dirent dans une pression qui ne dura pas plus d'une seconde, eux seuls le surent.

Une seconde encore, et cet amour si pur, si éthéré, eût pu devenir criminel.

Il le sentit.

Le sang-froid lui revint.

Le hasard, un mot d'Edmée relevé par lui sans intention, avait amené un commencement d'explication dont la fin ne pouvait être que pénible ou dangereuse.

Il comprit que le seul moyen de sortir de ce terrain brûlant était de détourner l'attention de la jeune fille, de mettre l'entretien sur le père d'Edmée au lieu de le continuer sur Edmée elle-même.

S'éloigner vivement d'elle, la repousser presque et dire précipitamment : Edmée ! c'est pour votre père que je suis ici ce soir ! fut tout un pour lui.

Elle se recula instinctivement de son côté, et rougissant, balbutiant, elle répondit :

— Mon père... oui... pour lui seul... Parlez ! Noël, qu'y a-t-il ?

— Les événements sont plus forts que la volonté la plus forte ! continua le comte de Warrens. Or, les événements présents me condamnent à sacrifier mes sentiments, mes plus chers désirs, à l'accomplissement de la tâche que je me suis imposée.

La jeune fille baissa la tête et soupira.

Il continua avec une froideur qu'elle eût dû comprendre exagérée.

Mais la jeunesse et l'amour ne raisonnent pas.

Edmée se sentit le cœur plein de larmes et de tristesse... mais c'était une digne, brave et noble fille.

Une fois l'idée de son père revenue présente à son esprit, elle s'appliqua à ne plus songer à autre chose.

Sa résolution prise, elle redevint elle-même.

Elle l'écouta avec la même froideur factice.

— Vous savez quelle est cette tâche! disait le comte. J'y périrai ou je la remplirai. Mais pour cela il me faut une tranquillité, un calme d'esprit, une liberté d'action que vous seule pouvez me donner. Me les refuserez-vous, Edmée!

— Dites, Noël; ce n'est plus une femme, c'est un homme qui vous écoute.

— Merci! fit-il. Avec votre image chérie marchant devant moi, la victoire ne sera pas douteuse.

— Pauvre cher père! murmurait la jeune fille, qui, absorbée dans ses réflexions filiales, n'entendait plus, ne percevait plus que comme un écho les dernières paroles de son amant.

Le comte de Warrens respecta quelques instants l'isolement de sa pensée. Puis :

— Comment va M. le duc de Dinan? demanda-t-il doucement.

Elle revint à elle-même, et le regarda comme pour le prier de répéter sa question.

Le comte obéit.

— Comment est votre père, Edmée?

— Il est mieux.

— Moins triste qu'à ma dernière visite? moins inquiet?

Edmée sourit tristement.

— Vous devez savoir, Noël, répondit-elle, que la tristesse et l'inquiétude sont le fond de la vie de mon père.

— Je jure Dieu que je ferai revenir la gaieté sur son visage et le calme dans son cœur.

— Dieu vous entende!

— Le moment approche où justice lui sera enfin rendue.

— Je me doutais de cela, Noël.

— Vous vous en doutiez? Et quel indice?...

— Toutes les fois qu'un danger imminent vous menace, mon ami, j'ai là comme un pressentiment! fit-elle en portant la main à son cœur.

— Mais je ne cours aucun danger, je vous l'assure.

— Vous me trompez, Noël! vous voulez me tromper! et vous avez tort.

— Chère Edmée, il ne s'agit pas de moi, mais de votre père, de son honneur, de son nom et de votre bonheur à vous.

— Que m'importe?

— Comment voulez-vous qu'un coup me frappe avant que j'aie fait mon devoir? s'écria-t-il avec une confiance naïve qui témoignait de sa foi dans le Dieu qu'il venait de prier, à l'église de la Madeleine.

— Vous donneriez du courage à des lâches, Noël! Ne vous inquiétez pas. On n'est pas lâche dans notre famille. Je peux trembler à la pensée des périls incessants auxquels vous vous exposez pour nous, mais soyez tranquille, je ne vous dirai jamais : Assez! tant que vous n'aurez pas atteint le but.

— Noble fille! voilà comme je vous veux.

— Je vous l'ai dit, réussissez, et je serai vôtre. Une fois la victoire remportée, venez m'en réclamer le prix, et, je vous le jure, mon père ne vous le refusera pas, moi vous l'accordant.

Edmée parlait avec une assurance peu partagée par le comte de Warrens.

Celui-ci ne se faisait pas illusion.

Il connaissait l'indomptable orgueil du vieux gentilhomme, du père d'Edmée.

Il savait qu'avant d'obtenir la main de cette jeune fille, lui, le petit-fils d'un des vassaux du duc de Dinan, il aurait à livrer de rudes combats.

Mais son dévouement marchait en avant sans tenir compte des réticences de son amour.

D'autre part, à quoi bon jeter dans l'âme de la jeune et charmante enfant les doutes qui déchiraient la sienne?

Il s'inclina donc en signe d'assentiment et dit :

— Edmée, vous et tous les vôtres, vous êtes proscrits, dépouillés, contraints de vous cacher...

— Il est vrai, Noël, mais ce n'est pas pour moi que...

Il l'interrompit à son tour :

— J'ai juré à mon père mourant de vous faire rendre vos titres, votre fortune, le rang auquel vous avez droit.

— Eh bien ! Ce serment ne l'avez-vous pas tenu autant que cela dépendait de vous ? fit la jeune fille. Mon père croit posséder cette fortune dont vous parlez ; le repos et la vie d'autrefois lui ont été rendus. Et cela grâce à qui, Noël ? Qui a été notre bon ange, jusqu'à ce jour ? Répondez, Noël, répondez.

— Je n'ai point encore terminé ma tâche. Mon serment n'est pas entièrement tenu. Comme mon père, je le tiendrai, ou comme mon père est mort, je mourrai.

Edmée essuya les larmes qui coulaient, malgré elle, lentement sur son visage, et, relevant sur lui ses beaux yeux bleus où se lisaient toutes ses pensées.

— Ami, dit-elle, ne me parlez plus de serments, de devoirs. Ces mots me désolent. Ils vous donnent raison contre ma tendresse. La fille passera toujours, en moi, avant la fiancée. Et pourtant, malgré mon respect, malgré mon obéissance aux moindres volontés paternelles, que de fois ne me suis-je pas vue sur le point de vous crier : Arrêtez-vous ! pauvre cher Noël, vous avez assez fait pour nous. Qu'avons-nous besoin de ces titres, de ces honneurs, de ce rang et de ce nom, pour être heureux ? L'obscurité ne nous conviendrait-elle pas davantage ?

— Merci de ces paroles, noble enfant ! lui répondit le comte de Warrens qui, dans ces hésitations d'une âme jeune et fière, voyait librement l'amour qu'il inspirait ; merci ! Elles me charment, mais elles ne font que m'encourager dans mes résolutions. Si j'obéissais à vos désirs, à vos craintes, vous seriez la première à vous demander comment j'aurais pu vous obéir. Vous dites vrai, Edmée... Pour vous seule, tant d'efforts, de sacrifices seraient vains, inutiles, ils n'arriveraient jamais à la hauteur de votre pur et digne amour. Je me contenterais de vivre à vos pieds, esclave soumis, serviteur reconnaissant, et de vous dire : Ordonnez, entendre c'est obéir !... Mais vous n'êtes pas seule, Edmée.

— Hélas ! murmura-t-elle avec désespoir, en laissant tomber sa tête sur sa poitrine, que la volonté de Dieu soit faite !

Et se dirigeant vers la maison, elle ajouta :

— Entrons ; on nous attend.

Le comte la retint.

— Une dernière question ? fit-il.

— Dites.

— Et René de Luz?

— Il va mieux. Après une crise terrible qui a eu lieu vers dix heures, ce matin, il s'est assoupi. Le médecin assure qu'il est hors de danger. Un jeune étudiant, qui habite la maison, est descendu lui donner les soins les plus intelligents.

— Son nom?

— M. Adolphe Blancas.

— Personne ne l'a accompagné?

— Si.

— Qui cela?

— Une jeune femme.

— Une femme! répéta le comte de Warrens avec une émotion mal contenue.

— Elle est nouvellement installée ici.

— Ah? continuez, Edmée?

— On la nomme, je crois, Lucile Gautier.

Il frissonna légèrement, ses sourcils se froncèrent malgré lui.

— Est-ce tout?

— Le médecin arrivé, les deux aides se sont retirés.

— Qui est resté au chevet du blessé?

— Sa mère, la comtesse de Luz, et ses deux sœurs, Laure et Angèle. Elles ne le laissent pas une minute seul, qu'il se repose ou qu'il soit éveillé.

— Et vous, Edmée? demanda, après une légère hésitation, M. de Warrens.

— Moi, Noël! je vous l'ai déjà dit, mon père est bien... mais sa morne tristesse ne me permet pas de m'éloigner longtemps. Il m'appelle à chaque instant.

— Quelle est la cause de son humeur sombre? La soupçonnez-vous?

— Oui.

— Parlez.

— C'est mon frère qui l'inquiète.

— Cela devait être, repartit le comte... Et vos grands parents?

La jeune fille répondit avec un geste de découragement profond :

— Toujours la même chose. Rien n'est changé.

— Courage, Edmée... courage, ma bien-aimée... Avant peu, je vous le répète, tout changera.

Et il suivit Edmée, qui le guida vers le corps de logis mystérieux, dont la silhouette gigantesque se dressait à une centaine de pas, en face d'eux.

XII

En plein Paris, pleine Bretagne.

Nous précéderons de quelques minutes le comte de Warrens et son gracieux guide.

Le lecteur voudra bien nous suivre dans le corps de logis qui, à plusieurs reprises, avait donné lieu à tant de commentaires parmi les locataires de la maison n° 35, rue d'Astorg.

A l'époque où l'on bâtit cette maison, on n'avait pas encore adopté l'usage de mesurer parcimonieusement l'air et le soleil aux malheureux ne possédant pas les moyens de se construire leurs propres demeures.

Voilà ce qui explique comment, malgré les nombreux changements subis par ses ailes de droite et de gauche, le corps de logis principal de l'hôtel était demeuré tel que le premier architecte l'avait disposé pour son premier hôte et propriétaire.

Ce premier hôte était un fermier général.

Qui dit fermier général, dit millionnaire, ne reculant devant aucune fantaisie, quelque coûteuse qu'elle puisse paraître.

Celui-là avait donc donné carte blanche à l'imagination de son constructeur.

Les appartements se succédaient hauts, vastes, bien éclairés.

On y reconnaissait cette large entente du confortable que nos pères possédaient à un si extrême degré.

Un seul détail fera deviner le reste.

De nombreux dégagements reliaient les diverses pièces entre elles.

Ces dégagements étaient formés par de longs et larges corridors, ou par de spacieux paliers donnant sur des escaliers aux proportions si colossales, que la cage seule en suffirait aujourd'hui pour construire une maison tout entière.

Mais tout cela n'était rien auprès des étonnements qui attendaient les visiteurs de cette antique demeure.

À peine, en effet, avait-on ouvert une porte, à peine avait-on fait quelques pas dans l'intérieur de ce corps de logis, qu'on se trouvait, comme dans une féerie, transporté subitement, par le coup de baguette d'un enchanteur patenté, à deux cents lieues de Paris, en pleine Bretagne.

Et quand nous disons *en pleine Bretagne,* nous n'entendons point parler de cette fausse Bretagne de nos jours, qui s'applique avec un si grand amour à refléter les vices et les ennuis de la capitale.

Là, meubles et costumes viennent en droite ligne du faubourg Saint-Antoine ou de la rue Vivienne, mœurs et langage arrivent directement de la Chaussée-d'Antin ou du quartier Saint-Honoré.

Non cette Bretagne décolorée, envahie par le niveau égalitaire de la vapeur et du petit format.

Mais bien cette rude et âpre Bretagne bretonnante de la fin du dix-huitième siècle, dont les souvenirs sont encore si vivaces, cette terre généreuse qui produisit tant de dévouements et d'héroïsmes sublimes !

Donc, dès les premiers pas faits dans ce corps de logis mystérieux, on se pouvait croire transporté au sein d'un de ces vieux châteaux, rois de la lande, burgraves des ajoncs.

Tout y vivait à l'unisson.

Tentures, meubles, costumes, tout était de l'époque, tout, jusqu'au langage.

La porte franchie, on n'entendait plus prononcer que le pur gaélique.

Le français du reste de la France se voyait rigoureusement proscrit.

Voici ce qui se passait dans une vaste pièce donnant sur l'extrémité du corridor dans lequel venaient de s'engager le comte de Warrens et la jeune Edmée.

Dans cette pièce, aux murs recouverts de tapisseries de haute-lisse, aux meubles massifs taillés en pleins chênes centenaires, six personnes se trouvaient réunies.

La première, un grand vieillard, sec, maigre, aux traits ascétiques, se tenait assis, plongé dans un large fauteuil, auprès d'une de ces cheminées moyenâge qui laissent place au feu pour toute une famille.

Sa barbe blanche tombait sur sa poitrine.

Sur son visage majestueux, malgré les traces nombreuses de fatigues et de douleurs, il y avait une expression ordinaire de bonté.

La rigidité de sa taille, l'éclair fulgurant qui s'échappait parfois de son œil bleu, en faisaient un de ces imposants personnages qu'on définit assez volontiers ainsi :

Un portrait de famille sorti de son cadre.

Ce vieillard portait le costume que les nobles et seigneurs bretons avaient mis à l'ordre du jour, lors de la grande guerre vendéenne.

En face de lui, de l'autre côté de la cheminée, sur un siége pareil au sien, était une dame qui ne lui cédait point en vieillesse et en majesté.

Cette dame, la compagne de sa vie, avait dû être belle d'une éblouissante beauté.

Elle filait.

Mais la main qui tenait le chanvre et le faisait changer de forme n'était évidemment guidée par nulle pensée.

L'habitude seule la conduisait.

Une secrète préoccupation, un souci dissimulé avec soin, possédaient la maîtresse de cet antique logis.

De temps en temps sa tête, machinalement inclinée sur le rouet, se relevait; alors, son regard intelligent, clair et limpide comme celui d'un ange, se tournait vers les assistants, et leur lançait une muette interrogation.

La troisième personne, assise près d'une table, la tête appuyée sur sa main, dans l'attitude d'une profonde réflexion, était un homme de moyenne stature, ressemblant trait pour trait au vieillard à la longue barbe blanche.

Sur son visage régnait une expression de hauteur presque farouche; mais cette expression faisait place à une douceur mélancolique quand ses yeux rencontraient les yeux de la vieille dame au rouet.

Deux serviteurs restaient, respectueux, immobiles, auprès de la porte :

L'un, le vieux sergent, le père Pinson.

L'autre, un de ces gars de la forêt de Rennes, qui, malgré leurs quatre-vingts années, ne se feraient pas faute de décrocher leur mousquet rouillé, l'occasion échéant.

Enfin, le sixième et dernier de ces personnages, qui se promenait silencieusement à grands pas d'un bout de la salle à l'autre, n'était autre que le colonel Martial Renaud.

Les trois premiers étaient, ou, pour poser clairement leur situation, se disaient être :

Le comte de l'Estang, duc de Dinan.

La comtesse de l'Estang, duchesse de Dinan, sa femme.

Le vicomte de l'Estang, leur fils.

Bien qu'un jugement, longuement motivé, eût vingt ans auparavant déclaré leur prétention mal fondée, toutes les apparences protestaient en leur faveur.

On sortait de table.

La table sur laquelle s'appuyait le vicomte de l'Estang était encore servie.

Sauf le bruit des pas de Martial Renaud, on n'entendait rien dans la vaste salle à manger gothique.

Chacun respectait la sieste nocturne du chef de la famille.

La comtesse elle-même amortissait autant que possible le retentissement monotone de son rouet.

Le comte de l'Estang sortit enfin de son immobilité, et, relevant la tête.

— Quelle heure est-il? demanda-t-il en jetant un regard vague autour de lui.

— Huit heures, notre monsieur, répondit le père Pinson en langue gaélique.

C'était lui que l'œil du comte venait d'indiquer comme devant lui répondre.

Nul autre que lui ne se fût permis de prendre la parole.

— Noël ne vient pas?

— Nous l'attendons d'un moment à l'autre.

— Aurait-il fait une mauvaise rencontre dans la lande? reprit le gentilhomme.

— La lande est sûre, et M. Noël la connaît comme je connais le parc du château.

— C'est vrai. Alors, je ne comprends pas ce qui peut le retenir aussi longtemps loin de notre présence.

— Les chemins sont mauvais, à cette heure de la nuit, fit observer la comtesse.

— A son âge, on ne craint pas les mauvaises routes. Il y a donc autre chose.

— Espérons que non.

— Ce n'est pas que je doute de lui et de son dévouement, au moins, continua le vieillard avec un accent de déférence à l'endroit de la comtesse de l'Estang; Noël est un fidèle.

— Oui... je le reconnais... et Sa Majesté, que Dieu garde, peut compter sur son bras et sur son cœur. Est-ce votre avis, mon fils? ajouta-t-il en se tournant vers le vicomte.

Le vicomte s'inclina sans répondre.

— Voilà, ce me semble, quelque huit ou dix jours que nous ne l'avons vu! continua le vieillard, qui, comme les enfants, ne quittait pas facilement une idée.

— Dans un instant il sera ici, mon père. Votre petite-fille est allée au-devant de lui.

— Edmée?

— Oui, mon père.

— Je vous ai déjà dit, s'écria le comte de l'Estang avec une certaine animation, que je n'approuvais pas ces courses de nuit; elles peuvent devenir dangereuses.

— Pour qui? fit tranquillement le vicomte. Mon père oublie tout le respect dans lequel notre maison est tenue par les gars de la lande.

— Je n'oublie rien, monsieur mon fils..... mais encore un fois, ces sorties de nuit, dans les temps de trouble où nous vivons, ne sont rien moins que convenables pour une jeune fille de l'âge d'Edmée. Et je m'étonne qu'on me fasse répéter une pareille observation. Vous m'entendez?

— Oui, mon père.

— Eh bien?

— Elle ne sortira plus, monsieur, repartit le vicomte avec soumission.

— Elle ne sortira plus! elle ne sortira plus! répéta avec impatience le vieux gentilhomme; vous me faites toujours la même réponse, chaque soir, et chaque soir l'enfant sort à la même heure. Est-ce vrai?

Chacun se tut.

— Vous le voyez, avec vos airs d'écolier pris au trébuchet, vous n'en faites qu'à votre tête.

— Oh! monsieur, vous...

— Par Notre-Dame d'Auray! interrompit le comte, suis-je le maître, oui ou non? Dois-je vous obéir, ou devez-vous vous courber devant ma volonté?

Un éclair de révolte pointait dans le regard du vicomte.

La vieille mère vit cela. Elle s'interposa entre le fils et le père.

— Calmez vous, monsieur, fit-elle ; le vicomte a eu tort de ne pas se souvenir de vos ordres, il a failli, mais je me porte son garant ; à partir de ce soir, votre petite-fille ne sortira plus ainsi toute seule.

— Vous aurez soin de prendre vos mesures, madame, pour qu'il en soit ainsi à l'avenir.

— Oui, monsieur.

Chez le comte de l'Estang, la mémoire seule vivait. Le présent n'existait pas pour lui.

Son intelligence, brisée, accablée par tous les malheurs, par les coups nombreux, successifs, qui l'avaient frappée, s'était endormie ; de temps à autre une secousse la réveillait pour quelques heures.

Alors, elle redevenait forte, pénétrante, lucide comme autrefois.

L'homme du passé renaissait avec sa vigueur irrésistible et son indomptable énergie.

Ensuite, après ces violents efforts qui n'aboutissaient à presque rien, son œil redevenait terne et atone, sa tête se penchait de nouveau, il oubliait tout ce qu'il venait de dire, et il en revenait subitement aux anciens jours de la grande insurrection vendéenne.

Il fallait, à chacun de ces retours vers le passé, que ses hôtes ou ses enfants le suivissent pas à pas dans tous les méandres qu'il foulait d'un pied sûr.

Et ce n'était point tâche facile.

De tous ces épisodes poétiques, sanguinaires, le comte de l'Estang avait conservé une implacable sûreté de souvenir.

Pour le rappeler à la vie de tous les jours, pour lui rendre instantanément sa fiévreuse énergie, un nom seul suffisait.

Ce nom, qui avait le privilége de faire bondir le vieux lion vaincu, mais non dompté, ce nom était celui de l'ancien colonel républicain que les Vendéens avaient jadis surnommé *le Boucher*.

Que s'était-il passé entre ces deux hommes?

A quel drame terrible le hasard les avait-il forcés de se mêler?

Aucun de ses enfants ne le savait.

La comtesse de l'Estang ne répondait rien quand on la questionnait à ce sujet.

De ce silence, les enfants avaient conclu que leur mère et aïeule n'en savait pas plus qu'eux.

Ils cessèrent de la questionner.

Le comte lui-même, ce conteur infatigable, si abondant, si prolixe dans ses narrations des guerres de la Lande et du Bocage, n'avait jamais fait la moindre allusion à ses rapports avec cet homme.

Cependant il le haïssait... comme les Bretons de la vieille roche, ces hommes, extrêmes dans le bien comme dans le mal, savaient haïr ou aimer.

Vainement son fils, Martial Renaud, le comte de Warrens, que le vieux gentilhomme n'appelait jamais que Noël, sa petite-fille Edmée, qu'il idolâtrait à la folie, avaient essayé de surprendre le secret de son silence.

Il était resté impénétrable.

Entre le comte de l'Estang, qui ne daignait pas répondre aux timides interrogations faites par les siens d'une façon détournée, et la comtesse, qui n'avait pas l'air de comprendre les questions qu'on lui adressait, les curieux n'avaient que la ressource d'étouffer leur curiosité.

Parfois, quand on la poussait dans ses derniers retranchements, la mère disait à son fils :

— M. le comte est seul le maître.

Ou l'aïeule répondait doucement à sa petite-fille :

— M. le comte seul a le droit de parler.

Et pourtant de ce secret dépendait sans doute le salut de cette famille !

De ce secret dépendait la réussite du plan que le comte de Warrens s'était tracé.

Aussi, que n'eût pas donné ce dernier pour le tenir dans sa main!

Mais pour parler, le vieillard attendait.

Il fallait bien que tous les siens, parents, alliés, amis et serviteurs, attendissent aussi.

La porte de la salle où se trouvaient les principaux membres de la famille de l'Estang s'ouvrit.

Edmée parut. M. de Warrens la suivait.

Le vieillard poussa un soupir de satisfaction en apercevant sa petite-fille.

Il ouvrait les lèvres pour la gronder.

L'enfant gâtée, qui s'en aperçut, ne lui en laissa point le temps.

D'un bond elle courut à lui, et ne lui donnant pas le loisir de se reconnaître, elle lui saisit la tête entre ses mains, et l'embrassant à plusieurs reprises :

— Le voici, grand-père!

Et comme tous les assistants la regardaient, stupéfaits de la familiarité dont elle usait vis-à-vis du comte de l'Estang, elle rougit un peu, et faisant mine de se repentir de son audace irrespectueuse, elle s'agenouilla à la droite du grand fauteuil seigneurial, dans lequel son grand'père se tenait toujours assis, et répéta plus bas :

— Le voici, monseigneur, le voici!

— Qui, petite fille? demanda le vieux gentilhomme avec un sourire et en posant la main sur sa tête mutine.

— Noël, monseigneur.

— Ah! enfin, c'est heureux qu'il vienne! Qu'il entre.

Edmée se tourna du côté de M. de Warrens, et lui fit un signe d'encouragement.

Le comte de Warrens écoutait tout cela, sur le seuil, immobile, attendant qu'on l'appelât.

Sur la demande du vieillard, et sur le geste de la jeune fille, il s'avança, et salua le maître de la maison.

Pour rien au monde il n'eût prononcé un mot, avant que ce dernier ne lui eût adressé la parole.

Ah! l'étiquette n'était certes pas un vain mot dans la noble famille des Kérouartz-Dinan-de-l'Estang, faux ou véritables!

— Vous vous êtes bien fait attendre, Noël! dit enfin le vieux comte, en jetant sur lui un de ses plus clairs regards.

— A mon grand regret, monseigneur!

— Vous êtes-vous donc heurté à quelque obstacle difficile à franchir?

— J'en ai rencontré plusieurs sur ma route. Ne me sentant pas assez fort momentanément pour les briser, il m'a fallu me décider à les tourner au plus vite.

— Ce que vous avez fait?

— Oui, monseigneur.

— Vous êtes excusé, Noël. Seulement, à l'avenir, soyez plus diligent.

Et le vieux gentilhomme, oubliant le motif important qu'il avait d'attendre impatiemment la venue du comte de Warrens, rentra dans son mutisme et dans son immobilité, sa petite-fille à sa droite.

Voyant qu'il n'avait plus rien qui le retînt de ce côté, M. de Warrens s'approcha du vicomte de l'Estang.

Le vicomte s'était levé à son entrée.

Il fit lui-même quelques pas au-devant du nouveau venu et lui serra chaleureusement la main.

— Mon ami, lui dit-il avec émotion, vous pardonnez, n'est-ce pas ?

— A qui, vicomte ?

— A mon père, qui depuis si longtemps vous traite de la sorte, sans se douter de votre délicatesse et de votre grandeur d'âme.

— Oh! fit en souriant le comte de Warrens, voilà de bien grands mots pour payer un dévouement si naturel. Ne continuez pas, monsieur le vicomte, ou je croirai que la reconnaissance est un lourd fardeau pour vous, si reconnaissance il peut exister de vous à moi.

— J'ai tort, Noël.

— Mes pères ont servi les vôtres, monsieur le vicomte. Les vôtres ont toujours grandement protégé les miens. Me faudrait-il, aujourd'hui, parce que je suis devenu riche, et qu'une puissance occulte m'a fait puissant, me faudrait-il renoncer à cette tâche séculaire, à cet attachement inaltérable pour votre maison?

— Ce n'est point là ce que j'ai voulu dire. Je vous le répète, j'ai tort. A partir de ce moment, je me contenterai de penser ce que je vous exprimais tout à l'heure. Puisque l'expression de ma gratitude vous gêne, je la renfermerai dans mon cœur, ne vous demandant qu'une seule faveur.

— Laquelle?

— Quand il y aura pour vous danger de mort à courir, appelez-moi.

— Je vous le promets, monsieur le vicomte.

— Commençons donc dès ce soir.

— Dès ce soir! Pourquoi?

— N'est-ce pas la date prise pour...

— Plus bas! fit le comte de Warrens en montrant les deux femmes, la comtesse de l'Estang et Edmée. Plus bas!... Oui, c'est aujourd'hui que l'action s'engagera.

— Dans quelques heures, sans doute?

— En effet.

— Je vous accompagnerai.

— Non, vicomte.

— Vous manquez déjà à votre promesse, monsieur, répliqua vivement et avec la hauteur inhérente au sang de son père, le vicomte de l'Estang.

— C'est impossible.

— Même si je vous en prie?

— Vous ne m'en prierez pas, cela me désobligerait, répondit M. de Warrens, qui, sans en avoir l'air, appela son frère à son secours.

Le colonel Renaud s'approcha immédiatement.

— Même si je vous l'ordonne, monsieur, continua le vicomte en élevant la voix. Par la Mort-Dieu.

Edmée le regarda d'un air étonné.

La comtesse quitta son rouet.

Le vicomte comprit sa faute et s'arrêta.

— Monsieur le vicomte n'est pas raisonnable, fit le colonel, qui avait deviné le combat livré entre les deux hommes. Mon frère et moi nous lui avons demandé le seul service qu'il pût nous rendre. Pourquoi vouloir dépasser le but? Sa vie nous est chère, plus chère que la nôtre! Pourquoi la risquer dans une lutte nocturne qui ne sera probablement que grotesque?

— D'ailleurs, nous n'avons rien à craindre. Toutes nos précautions sont bien prises, ajouta le comte.

— Nous serons en force, dit Martial Renaud.

— Vous le voulez... soit... repartit le comte, faisant un violent effort pour reprendre son sang-froid. Seulement je ne vous ai pas bien compris, colonel. Vous parlez d'un service que j'aurais été appelé à vous rendre. Ce service, quel est-il?

— Avez-vous le plan de...? demanda le comte de Warrens.

— Ah! c'est cela... Bien! répondit le vicomte en souriant. A la bonne heure! Le *seigneur Jupiter sait dorer la pilule*. Voici ce plan.

Et il présenta au comte un papier qu'il venait de tirer de sa poche.

Les deux frères y jetèrent précipitamment les yeux, pour témoigner de l'utilité de ce renseignement.

— Par malheur, continua le vicomte, je crains bien que ce plan ne soit pas d'une grande exactitude. On a fait pour le mieux, mais il manque bien des petits détails.

— Bast! je vous réponds qu'il nous suffira, fit M. de Warrens avec un geste d'insouciance; je suis une moitié d'Américain, moi. Martial n'est pas trop maladroit non plus. L'habitude de suivre une piste ne nous manque pas. Nous réussirons, et ceci nous aidera fort.

Il frappait sur le plan tout en parlant ainsi.

Le vicomte de l'Estang comprit le sentiment délicat qui dictait ces paroles.

Il fit semblant de s'y laisser prendre.

— Quand connaîtrai-je le résultat de votre campagne nocturne? demanda-t-il.

— Demain matin.

— Vous m'écrirez?

— Je viendrai.

— Merci, Noël.

— Encore un remerciment! monsieur le vicomte, dit son interlocuteur en riant... Voilà que vous retombez dans votre vieux péché.

— C'est le regret de ne pas vous aider ce soir qui me fait divaguer.

— Encore ! s'écria le colonel avec reproche.

— Toujours, messieurs, répliqua le vicomte de l'Estang, toujours ! Quand vous courrez des risques pour les miens et pour moi, et que vous refuserez de m'admettre à vos côtés, ou tout au moins entre vous deux.

Le comte et le colonel se regardèrent.

Ces deux natures d'élite comprenaient si bien le désir qu'exprimait l'héritier du nom des Kérouarts, qu'ils furent sur le point de lui dire : — Suivez-nous !

Mais la vue des deux femmes, dont l'une filait et dont l'autre priait ; mais l'aspect de ce noble vieillard, représentant tout une race de preux, qui sommeillait tranquille grâce à leur appui, leur fermèrent la bouche.

Le comte de Warrens se roidit contre sa faiblesse et reprit :

— Maintenant, vicomte, il nous faut vous quitter, Martial et moi. Comment faire pour ne pas attirer l'attention de votre père ?

— En ce moment, il ne voit ni n'entend. Vous pouvez partir sans crainte, répondit le vicomte.

Mais il se trompait.

Le vieillard se leva, et d'une voix claire :

— Noël ! Martial ! appela-t-il.

— Nous voici, monseigneur ! s'écrièrent les deux frères en s'approchant de lui.

Le comte, qui les dominait de sa grande taille, étendit ses deux mains sur leurs têtes.

— Enfants, soyez bénis ! dit-il avec solennité.

Tous le contemplèrent avec étonnement.

— Allez où le devoir vous appelle, continua-t-il ; Dieu sera avec vous ! Soyez bénis ! le danger passera au-dessus de vous sans vous atteindre, sans vous courber, parce que vous marchez dans la voie du Seigneur. Allez ! allez ! allez !

Et le vieux gentilhomme, ces paroles prononcées, retomba sur le siége qu'il venait, par extraordinaire, de quitter, et se replongea dans l'état de somnolence ou d'extase qui lui était familier.

Peu à près les deux frères, Noël et Martial, sortaient par la porte condamnée, et se retrouvaient dans la rue Roquépine.

XIII

Au Lapin courageux !...

La rue d'Angoulême-du-Temple, ouverte en 1782 sur d'anciennes dépendances du Temple, reçut le nom du duc d'Angoulême, grand prieur de France. Elle commençait boulevard du Temple et finissait rue Folie-Méricourt.

En 1853 seulement, on la continua jusqu'à la rue Saint-Maur.

A l'époque où se passe notre action, cette rue, longue, étroite, sans air et sans soleil, avait un aspect de tristesse et de pauvreté indicibles.

Le rez-de-chaussée n'en était loué qu'à des marchands infimes, végétant là tant bien que mal, à la grâce de Dieu.

Crèmeries fantastiques, débits de vins frelatés, fruiteries et épiceries du dernier ordre y étalaient des marchandises qui trouvaient des acheteurs quant même.

Au milieu de cette misère profonde et de ces boutiques borgnes, un seul établissement florissait, ou, pour mieux dire, faisait fureur.

Il se trouvait placé vers le milieu de la rue d'Angoulême, à son point de rencontre formant angle droit avec la rue de Malte.

Voici comment cet établissement parvint à un tel degré de prospérité :

Par une belle matinée d'été, comme il s'en rencontre tant dans le Midi, un pauvre diable de Provençal des environs de Toulon, ayant éprouvé le besoin d'apprendre ce que c'est que le brouillard, la pluie et le spleen septentrional, s'était courageusement mis en route, piquant droit sur Paris, cette terre promise de tous les déshérités.

Notre Provençal avait une trentaine de francs au plus dans son gousset.

Son voyage dura six semaines.

Après bien des traverses, après de rudes épreuves, ses yeux, qui désespéraient de jamais parvenir à la contempler, aperçurent enfin la fumée des cheminées parisiennes noircissant l'horizon.

Six heures du soir sonnaient.

Notre Toulonnais poussa un cri de joie et d'espérance. Ses douleurs et ses fatigues disparurent comme par enchantement. Il lui semblait que dans cette ville immense un avenir plein de millions lui tendait les bras. A son compte, il y avait place pour tout le monde au feu de la mère-patrie ; surtout pour lui, qui se sentait si petit. Les Provençaux sont entêtés, c'est là leur moindre défaut ; de plus, l'ambition les talonne, une ambition âpre à la curée.

A ce point de vue, notre Toulonnais pouvait se dire doublement Provençal.

Quels furent ses débuts ? Comment parvint-il à se tirer de la position précaire dans laquelle il se trouvait, à son arrivée dans la grande ville ?

C'est ce que nous ne rechercherons pas.

Personne ne le vit humble et modeste chrysalide. On ne le connut que superbe papillon.

Un beau jour, il loua une boutique au coin de la rue d'Angoulême et de la rue de Malte.

Sur l'enseigne jaune de cette boutique les passants pouvaient lire en lettres d'un vert éclatant :

Au Lapin courageux !
Débit de vins au détail
de
François Tournesol.

Deux ans après, François Tournesol ajoutait une gargote à son détail de vins ; il donnait à manger aux ouvriers du quartier ainsi qu'aux acteurs les moins payés des petits théâtres et aux bohêmes égarés dans ces parages lointains.

Le tout à des prix fabuleux.

Peu à peu ses affaires s'accrurent.

En face de cet accroissement progressif, ses visées devinrent plus hautes.

Tout en conservant son premier établissement, Tournesol y annexa d'autres boutiques, à droite et à gauche.

Il loua tout le premier étage de la maison, et il en fit un restaurant, meublé, installé, monté avec un luxe inouï pour le quartier.

De plus, il se créa une spécialité.

Celle de la bouillabaisse et des escargots à la provençale.

Ce fut un coup de fortune pour lui.

L'argent, qui n'est pas si rebelle qu'on le suppose, quand une bonne idée l'appelle, se mit à pleuvoir dans sa caisse.

Le sieur François Tournesol était plus qu'économe, mais, par calcul même, il savait faire la part du feu.

Bien des bohêmes, constatons-le à la louange de son intelligence, un grand nombre de pauvres *cabotins* à mines faméliques, lui durent la *pâtée* des années entières sans qu'il leur réclamât un sou de leur note, aussi longue que la liste des maîtresses de don Juan.

Un statisticien perdrait la moitié de sa vie à calculer le nombre de veaux morts-nés, la quantité de moutons morts de la clavelée, de chats volés, de chevaux achetés à l'équarrisseur, que François Tournesol débita, vingt années durant, sous les apparences les plus fallacieuses et sous les noms les plus ronflants.

Ses clients du rez-de-chaussée avalaient sa cuisine sans trop de gémissements ; mais ceux du premier étage ne laissaient pas de lui adresser les reproches les plus sincères.

Aux premiers il répondait :

— Croyez-vous que je vais vous donner des truffes pour vos six sous ?

Aux seconds :

— Quand on mange une bouillabaisse digne de la *Réserve* de Marseille, et des escargots cueillis aux Martigues, on n'a pas le droit de se plaindre du mouton ou du veau qui les accompagne.

Et à tout prendre, ses clients se contentaient de ces bonnes raisons, puisque le *Lapin courageux* ne chômait jamais, ni matin ni soir.

Sa réputation s'étendit bientôt de la Bastille à la porte Saint-Martin.

Bref, ce digne gargotier, qui avait littéralement commencé sans un sou vaillant, après avoir gagné une fortune plus que raisonnable, trouva moyen de faire souche d'honnête bourgillons en mariant sa fille à un compatriote.

Sa fille était un hideux laideron qui avait roulé

vingt ans entre les jambes des consommateurs de la cuisine paternelle.

Son compatriote, venu comme Tournesol à Paris sans semelles à ses souliers, se laissa tenter par les futurs millions de sa monstrueuse future.

L'union s'accomplit selon toutes les formalités exigées par la loi.

Le jour de cette union, — l'un des plus beaux de ce tendre père, — Tournesol ne se doutait pas que ses millions serviraient plus tard à sauver son gendre d'une banqueroute frauduleuse, à le faire nommer maire de son village et à lui permettre d'aspirer à la députation.

Aspirations que l'avenir, du reste, pourrait légitimer.

Mais n'anticipons pas sur des événements que nous raconterons en temps et lieu.

Pour le moment, François Tournesol trônait dans son comptoir, en pleine renommée et en pleine gloire.

C'est donc de lui seul que nous avons à nous occuper, et nous y revenons, priant le lecteur de nous pardonner cette courte digression, qui porte bien son enseignement avec elle.

Or, le dimanche gras 1847, vers dix heures du soir, le restaurant et la gargote du *Lapin courageux,* premier et second étages compris, resplendissaient de lumières.

Salles communes et cabinets particuliers regorgeaient de clients de toutes les classes, dont les silhouettes se détachaient en noir sur les rideaux blanchis à nouveau pour la circonstance.

Ce n'étaient que chants et cris joyeux, bacchanales et sarabandes donnant bien à rêver aux malheureux voisins de ce lieu de délices, aux passants attardés qui regagnaient tranquillement leurs honnêtes et silencieuses demeures.

C'est une bienheureuse saison pour les restaurateurs de toutes espèces, que la saison du carnaval.

Toute la durée de cette époque de folie, ils vendent ce qu'ils veulent, au prix qui leur convient, aux stupides soupeurs, accompagnés ou non accompagnés, leurs hôtes habituels.

Tous ces malheureux, artistes, bourgeois, bohêmes, avant ou après le bal, arrivent chez eux pour satisfaire les caprices et les appétits insensés de leurs conquêtes de rencontre ou de hasard.

Là, ils mettent une sorte de frénésie à se débarrasser le plus promptement possible d'un argent gagné à grand'peine ou trouvé grâce aux moyens les plus honteux.

Le propre de l'argent mal gagné est de brûler la poche de qui le possède.

En somme, le *Lapin courageux* n'avait jamais vu une foule plus considérable se presser dans ses salons et dans ses couloirs.

Le flot des consommateurs, après avoir submergé

le rez-de-chaussée, était monté jusqu'au premier étage.

Les premiers venus ayant pris toutes les places disponibles, les arrivants, pressés, serrés les uns contre les autres, sur les marches étroites de l'escalier, criaient, hurlaient, attendant qu'il plût à leurs devanciers de leur céder une table ou un cabinet.

Le rez-de-chaussée surtout — nous voulons parler d'une salle contiguë à la boutique du marchand de vins — offrait le coup d'œil le plus pittoresque et le plus saisisssant.

Une foule énorme, composée d'hommes, de femmes et d'enfants revêtus des haillons les plus hétéroclites, était entassée dans cette vaste pièce.

Par la porte de communication donnant dans la boutique même où se trouvait placé le comptoir de maître Tournesol, on apercevait des *appelés* debout, couchés par terre de chaque côté du comptoir, des *élus* assis trois ou quatre sur le même siége.

Devant le comptoir se tenaient plusieurs individus, vêtus en habits de ville, à l'air sournois, porteurs de nez énormes, qui, voulant se donner une contenance, faisaient semblant de se payer à tour de rôle une *tournée* de vin blanc.

Ils n'avaient pourtant ni envie de boire, ni envie de rire.

Les paroles qu'ils échangeaient, de temps à autre, à voix basse, le montraient clairement.

Et si leurs paroles n'avaient pas suffi à l'édification d'un auditeur sagace, les regards inquiets, curieux, qu'ils jetaient sans cesse, à la dérobée, sur la porte de l'établissement, ne lui eussent laissé aucun doute à ce sujet.

En dehors de ce groupe sombre, la masse des masques et des consommateurs hurlait, beuglait, avec une si noble émulation, qu'avec la meilleure volonté du monde, un orage survenant, aucun d'entre eux ne fût parvenu à entendre les éclats de de la foudre, la grande voix du tonnerre.

Tournesol, premier du nom, allait et venait, servant les uns, engageant les autres à la patience, et cela, dans la joie de son âme.

Les opérations de cette nuit de Cocagne prenaient des proportions gigantesques.

La nuit commençait à peine.

Que serait-ce donc vers deux ou trois heures du matin, à la sortie des bals!

La foule était tellement compacte que, matériellement, il semblait impossible à un individu quelconque, si mince et si fluet qu'il fût, de parvenir à s'y caser.

Notre Provençal se frottait joyeusement les mains, en songeant que les premiers, une fois repus, seraient bien obligés de déguerpir et de céder la place aux autres.

Et puis, cela flattait singulièrement son amour-propre de chef de maison, de penser qu'on faisait queue à sa porte sans être sûr de la franchir!

Mais si compactes qu'elles paraissent, les masses humaines sont essentiellement malléables, élastiques, et douées d'une puissance de compression qui jusqu'ici n'a pas encore été déterminée par a plus b.

Tournesol ne tarda pas à avoir la preuve de cette vérité.

Soit lassitude, soit retraite des aspirants-soupeurs, les cris de la rue venaient de se calmer.

Profitant de cette éclaircie, de cette minute de tranquillité, cinq masques, cinq débardeurs, se précipitèrent sur la porte d'entrée donnant dans la boutique du rez-de-chaussée, la forcèrent, et firent une entrée triomphale à laquelle aucun de ceux qui obstruaient leur route ne put s'opposer.

On se serra.

On leur fit place.

Ils passèrent, sans se préoccuper de ceux qui se montraient obligeants sans en avoir la moindre envie.

On pressentit qu'il allait se passer quelque chose d'intéressant.

Tous les regards se tournèrent de leur côté.

Ils se dirigeaient en ordre, de front, vers le comptoir, où se tenaient les bourgeois aux longs nez.

A l'entrée des nouveaux venus, ceux-ci avaient échangé des signes d'intelligence, saisi leurs verres à demi pleins, et avaient trinqué, en murmurant ce seul mot :

— Attention !

Nos cinq masques, nous l'avons dit, portaient le même costume.

Ils étaient déguisés en débardeurs.

Cinq beaux gaillards !

Cinq athlètes aux gestes brusques, à la démarche assurée.

Contrairement à l'usage où sont les hommes, dans les bals publics de Paris, de ne pas se masquer, ils avaient le visage caché par un large loup de velours noir.

Chacun d'eux brandissait à la main un bambou qui, sous les apparences les plus pacifiques, pouvait, au besoin, devenir un assommoir du plus joli poids.

Détail à retenir :

Ces cinq débardeurs, appartenant sans aucun doute à la même bande joyeuse, portaient cinq vêtements de couleurs différentes.

Le premier avait un costume entièrement noir ;
Le second, un bleu ;
Le troisième, un orange ;
Le quatrième, un ponceau ;
Et le cinquième, un lilas.

Faute de savoir, quant à présent, leur âge, leur domicile, leurs noms et prénoms, nous nous contenterons de les appeler le noir, le bleu, l'orange, le ponceau ou le lilas, et de les distinguer par la couleur de leur costume.

15

Leur entrée n'était passée inaperçue d'aucun des clients du père Tournesol.

Un pierrot qui soupait, en face du comptoir, avec un diablotin aux cornes enluminées de vermillon et au visage peint en vert-monstre, avait vivement tourné la tête de leur côté.

— Est-ce lui? demanda-t-il.

Son compagnon lui répondit entre deux bouchées :

— Lui, je ne sais pas!... mais eux, oui.

— Tu en es sûr?

— Qui est-ce qui est jamais sûr de quelque chose?

— Va rôder autour d'eux, et...

— Oh! ce n'est pas la peine, fit le diablotin avec une de ses plus belles grimaces.

— Comment! s'écria l'autre avec une impatience nerveuse qui témoignait d'une nature habituée à courber toute résistance.

— Si c'est eux, nous allons rire...

Il se versa un verre de vin, plein jusqu'au bord, le but et ajouta :

— Aimez-vous à rire, m'sieur Benja...?

— Tais-toi! interrompit le pierrot, qui l'empêcha d'achever.

— Bon! on se taira. Ce n'est pas là ce qu'il y a de plus difficile à exécuter sur la corde raide de l'existence.

Le pierrot posa le coude droit sur la table, appuya

son menton sur son coude et examina la situation.

Évidemment, il s'attendait à une scène intéressante, il ne voulait en perdre aucune péripétie.

Le sieur Tournesol se trouvait dans son comptoir à l'arrivée des cinq débardeurs.

— Que faut-il servir à ces messieurs? demanda-t-il en se penchant vers eux, de son air le plus achalandant.

— Trois bouteilles de vin blanc, une bouteille de kirsch et du sucre dans un saladier, répondit le débardeur noir d'une voix de basse chantante.

— *Et cum spiritu tuo!* psalmodia sur le même ton un des faux-nez, qui était à coup sûr un excellent musicien.

— *Amen!* chanta un second faux-nez.

Tout le monde se mit à rire.

Les débardeurs firent comme tout le monde.

Ils firent plus, même.

Ils applaudirent à tout rompre.

Les faux-nez, voyant qu'ils ne récoltaient que des applaudissements et pas la moindre querelle, en restèrent là.

Pendant que Tournesol s'empressait de servir ses nouveaux clients, le diablotin, qui dès les premières notes entonnées par le premier faux-nez avait sauté du parquet sur sa chaise et de sa chaise sur la table, le diablotin, disons-nous, se pencha à l'oreille du pierrot et lui murmura :

— Je connais cette musique.

— Moi aussi, répondit le pierrot en haussant les épaules.

— Non, vous ne comprenez pas, mon prince... c'est du chanteur que je parle et non de la chanson.

— Qui est-ce ?

— Vous avez causé ce matin...

— Moi ?

— Avec lui.

— Tu te trompes !

— Dans votre hôtel...

— Imbécile! te tairas-tu ?

— Garni... hôtel garni... ajouta vivement le diablotin, dont la langue marchait souvent plus vite que la pensée.

Le pierrot réfléchit un instant et s'écria :

— Ah ! j'y suis... c'est le Coquillard...

— Charbonneau ! lui-même ! Allons donc !

— Mais les autres !

— Ah ! voilà ! fit le diablotin en clignant de l'œil... mais v'là que ça se corse ! J'y vas de mon attention !

Ils se mirent de nouveau à examiner les deux troupes rivales.

— Voilà ce que vous avez demandé, messieurs, disait le cabaretier aux débardeurs. Voulez-vous être servis dans un cabinet ? Il vous faudra attendre quelques minutes.

— Un cabinet ? non, une table nous suffira, répondit le débardeur noir.

— Dame! pour le moment, vous le voyez, il n'y en a guère. Si vous voulez...

— Attendre quelque minutes? acheva le bleu, qui n'avait pas encore ouvert la bouche. Connu, merci!

— Connu, merci! répétèrent en chœur les faux nez.

La galerie rit comme elle l'avait déjà fait précédemment.

Cette fois-ci les débardeurs ne se mêlèrent point à ses rires.

Le débardeur noir, qui semblait commander aux quatre autres, dit froidement :

— Vous nous servirez ici même.

— Ici? sur le comptoir? demanda Tournesol embarrassé.

— Oui.

— Mais...

— Mais quoi?

— Mais quoi? mais quoi? mais quoi? répétèrent en chœur les faux-nez.

— Mais, dit Tournesol, qui, tout en voulant éviter une querelle, croyait que les faux-nez seraient les plus forts, étant les plus nombreux et parlant plus haut, mais c'est que ces messieurs...

— Eh bien! ces messieurs?

— Leurs verres sont là, et...

— Ces messieurs seront assez complaisants pour les reculer, et il y aura place pour tout le monde.

Le chœur des faux-nez poussa un éclat de rire qui dura un quart de minute.

Les débardeurs ne bronchaient pas.

Tournesol reconnaissant la justesse de leur cause, allait se décider à écarter les verres de ses premiers clients et à placer le saladier rempli du mélange demandé au beau milieu de son comptoir, et il ne se dissimulait pas le mauvais résultat que pouvait avoir sa décision, quand une voix moins rude que celles des faux-nez et des débardeurs prononça l'invitation suivante :

— Si ces messieurs veulent me faire l'honneur de s'asseoir à ma table, je serai enchanté de la partager avec eux.

C'était le pierrot qui venait de parler ainsi.

Le diablotin sauta par terre.

Les débardeurs bleu, ponceau, orange et lilas consultèrent le débardeur noir.

Ce dernier accepta.

Et les faux-nez de rire, à nouveau, le plus ironiquement du monde.

— Merci, maître Pierre, fit le débardeur noir en tendant la main au pierrot. Nous te revaudrons cela.

— J'offre, je ne reçois pas, répondit fièrement l'amphitryon du diablotin.

— Couvrons-nous, grands d'Espagne! déclama pompeusement celui-ci en se campant, le poing sur la hanche. Bonjour, mon oncle, ajouta-t-il en cédant son siége à l'Orange et en lui sautant à califourchon sur les épaules. On est donc sage, ce soir? C'est bien fait. Prudence est mère de Longévité !

— C'est toi, Mouche! répondit l'Orange, qui reconnut le diablotin à son fausset. Tu te fourres donc partout?

— On connaît les bons endroits, et on y vient pour faire plaisir aux camaraux.

— Et pour donner un coup de main....

— Ou de pied...

— Aux amis.

— Oui, la Cig...

La main du domino orange coupa la fin de la phrase.

Le diablotin Mouchette, on l'a reconnu déjà, marmotta à part lui :

— Pas de chance au bilboquet ce soir. Faut que je *m'éteigne*.

Et il se tint coi et silencieux le plus longtemps que cela lui fut possible.

On verra que cet effort ne fut pas de bien longue durée.

Cependant la bande des débardeurs venait de s'asseoir à la table du pierrot.

On remplit les verres, et l'on trinqua de part et d'autre sans accorder la plus petite attention aux quolibets de la partie adverse.

Par partie adverse nous entendons parler de la bande des bourgeois aux longs nez.

Seul, le pierrot ne prit point part à ces libations.

— Tu ne trinques pas avec nous? demanda le débardeur noir.

— Merci.

— Merci oui, ou merci non?

— Merci non.

— Pourquoi?

— Je n'ai pas soif.

— Ah! fit le débardeur noir avec une pointe d'ironie dans son exclamation.

— Je vous ai offert place à ma table, continua le pierrot avec une certaine animation, pour vous épargner une querelle avec des malotrus; est-ce une querelle avec moi que vous venez chercher?

— Pauvre petit moineau! grommelait dans son coin de table l'Orange, qui gardait toujours le diablotin à califourchon sur ses larges épaules.

Le Noir reprit :

— Quand on n'a pas soif, on ne boit pas. C'est de toute justice. Mais par pure politesse on fait semblant de boire.

— Je fais ce qui me plaît.

— A ton aise, camarade. Nous sommes tes obligés et nous ne payerons pas un bon procédé par un mauvais.

— C'est encore bien heureux! repartit ironiquement le pierrot, dont la patience ne paraissait pas être la vertu dominante.

— Laisse-moi te donner un conseil.

— Un bon ?

— Tu en jugeras.

— Ce sera le premier.

— Ah ! ah ! dit le débardeur de son ton le plus tranquille, ma jolie pierrette...

— Hein?

— Non, mon joli pierrot... nous *n'étrennons* donc pas ensemble, comme conversation ?

— Continue ! répliqua le pierrot en se mordant les lèvres.

— *Une coupure !* pensa Mouchette le diablotin.

Une coupure, dans le langage du gamin, qui figurait dans les drames et dans les ballets de la Porte Saint-Martin, signifiait :

— Voilà une phrase qu'on aurait bien dû prendre la peine de ne pas prononcer.

Coupure, pour lui, équivalait à : *bêtise.*

— Donne ton conseil ! répéta le pierrot son interlocuteur.

Celui-ci se pencha vers lui pour ne pas être entendu par d'autres oreilles que les siennes.

— Pas si près, camarade ! Parle à distance, je te prie, s'écria vivement le pierrot.

— Soit.

— Je ne suis pas sourd. J'entendrai aussi bien.

— Et tu ne crains pas ?... fit le débardeur.

— Je ne crains rien, répondit l'autre fièrement.

— Si, tu crains mon voisinage. Parlons sérieusement. Tu as eu tort de venir ici.

— Pourquoi? On ne peut donc pas s'amuser, maintenant?

— Ce n'est pas ta place.

— Voyez-vous cela!

— Retire-toi.

— Le plus souvent.

— Il en est temps. Ces messieurs te reconduiront jusqu'à une voiture.

— Quels messieurs?

— Mon frère lilas et mon frère ponceau, répondit le débardeur noir, en désignant les deux débardeurs aux costumes lilas et ponceau.

Ces deux derniers se levèrent et firent un salut affirmatif.

— Oh! ne vous levez pas, continua le pierrot d'une voix mordante et railleuse; nous ne sommes pas dans le monde ici, et je vous dispense l'un et l'autre de m'offrir votre bras.

— Pierrot, mon pierrot, dit en riant le débardeur noir, voilà que vous parlez comme une pierrette.

A un geste de colère, à un éclat de voix lancé par le pierrot, un domino noir, qui depuis le commencement de cette scène se tenait adossé au mur, à quelques pas de là, dans l'attitude d'un homme qui ne s'occupe de rien et se trouve sur le point de s'endormir tout debout, se redressa subitement et vint se placer derrière ce dernier.

— Tiens! d'où sort-il, celui-là? demanda le débardeur bleu.

Le domino ne bougea pas.

— Tu dormais, retourne dormir! fit l'Orange, qui, se fiant à sa force irrésistible, étendit le bras vers lui et l'écarta de façon à l'envoyer rouler à dix pas de la table.

A sa grande surprise et à celle des quatre autres débardeurs, qui, tous, connaissaient la vigueur athlétique de leur *frère Orange*, le domino noir chancela à peine.

Puis, reprenant son aplomb, son centre de gravité, il se croisa les bras sur la poitrine et demeura immobile les yeux fixés sur ceux du pierrot, dont évidemment il attendait les ordres.

Le débardeur orange venait, pour la première fois de sa vie, de rencontrer une force égale à la sienne.

Il se leva.

Le diablotin se laissa glisser jusqu'à terre, et prenant sa chaise, s'assit à sa place devant la table.

Mais sur un mot du débardeur noir, l'Orange, qui était sur le point de sauter à la gorge du domino, s'arrêta comme par enchantement, et vint se mettre derrière son chef de file.

L'orage couvait.

Les faux-nez avaient quitté le comptoir du père Tournesol et s'étaient insensiblement rapprochés du groupe formé par les cinq débardeurs, le pierrot, le diablotin et le domino noir.

Au milieu du silence général, le débardeur noir dit lentement :

— Je te croyais seule ici, *querida*. Je me suis trompé. Ton bravo t'accompagne.

Le domino restait impassible.

Le pierrot répondit :

— Tu te trompes, Passe-Partout, seule je suis venue dans ce tapis-franc...

Au mot *tapis franc*, quelques murmures se firent entendre, parmi lesquels il nous sera permis d'introduire une vigoureuse protestation du sieur François Tournesol.

— Seule je suis venue, répéta le pierrot, et seule je sortirai !

— Tu avoues ton sexe.

— Mes pieds et mes mains plaideraient contre moi, répliqua le pierrot, qui, même sous le costume masculin, ne pouvait renoncer au plus grand charme de la femme, la coquetterie.

— Pourquoi es-tu venue ici ?

— Je voulais savoir si tu y serais.

— Tu le sais ; va-t-en !

— Non. Je m'amuse, et je reste, mon bon Passe-Partout.

Le débardeur noir se mit à rire.

— Voilà deux fois que tu me donnes ce nom, *querida* ; regarde.

Et il souleva son masque.

— Mon Dieu ! fit le pierrot avec stupeur, ce n'est pas lui !

— Qui sait? répondit-il en raillant et en rattachant son loup de velours.

— Je resterai! oh! je resterai!

— Tu es avertie. Retire-toi!

— Non!

— A ton aise. Ne t'en prends qu'à toi-même s'il t'arrive malheur.

Et, se tournant vers le domino noir, qui, comme une statue de bronze, n'avait pas fait un mouvement, il ajouta à voix basse en langue espagnole :

— Marcos Praya, veille sur ta maîtresse. Un danger de mort la menace.

— Je veillerai, répondit sourdement le domino.

En ce moment la bande des bourgeois à faux-nez se trouva doublée.

Mouchette le diablotin seul s'en aperçut.

Il grimpa sur sa chaise, et s'y tenant debout sur un pied, un verre dans chaque main :

— Messieurs et mesdames, s'écria-t-il de sa *crécelle* la plus stridente, l'addition est une opération par laquelle étant donné un certain nombre de faux-nez, comme six, et étant redonné un autre certain nombre de faux-nez, comme quatre, on arrive à un troisième nombre de faux-nez, comme dix, appelé total.

Et il avala coup sur coup ses deux verres de bischoff.

Le débardeur noir tourna nonchalamment la

tête et regarda les bourgeois au long nez pardessus son épaule.

Il se leva.

Les quatre autres débardeurs se levèrent aussi.

Sur le mot : *Dansons*, prononcé par le faux-nez, dans lequel le pierrot et Mouchette avaient cru reconnaître Coquillard-Charbonneau, les bourgeois, qui étaient réellement doublés, se prirent par la main et se mirent à danser une farandole échevelée autour de la table des débardeurs.

— Allons ! dit le débardeur noir.

Cinq gourdins décrivirent cinq courbes parfaites et cinq faux-nez s'arrêtèrent.

Il y avait une excellente raison à ce temps d'arrêt.

On la comprendra sans que nous nous donnions la peine de la détailler.

Les cinq faux-nez gisaient par terre.

Leurs cinq compagnons n'attendirent pas leur tour.

Ils se jetèrent à corps perdu sur leurs adversaires, espérant les prendre au dépourvu.

Malheureusement pour eux, il n'en fut rien. Deux minutes après, malgré une résistance désespérée, ils se voyaient pris au collet et à la ceinture par les débardeurs et jetés dans la rue, à la volée, à travers la porte d'entrée que Mouchette tenait toute grande ouverte.

Quelques instants après, leurs camarades, assommés avec un si bel ensemble, venaient les rejoindre sur la chaussée, portés, avec tous les égards dus à leur courage malheureux, par tous les chicards, titis, malins, polichinelles et arlequins qui avaient assisté à leur rapide déconvenue.

— Passez, mes frères, mes oncles, mes cousins, disait Mouchette en s'inclinant devant chaque bourgeois qu'on sortait du cabaret, passez, pauvres diables que vous êtes !

— Un second bischoff ! demanda le débardeur noir, en s'asseyant de nouveau à la table du pierrot, qui, pas plus que le domino noir, ne s'était mêlé à cette bagarre.

On applaudit à outrance.

Et le sieur François Tournesol, propriétaire du *Lapin courageux*, apporta, lui-même cette fois, la consommation demandée par ses redoutables clients.

C'était une faveur qu'il n'accordait pas aux premiers venus.

Le premier moment d'effervescence et d'enthousiasme passé, une réaction s'opéra parmi les hôtes habituels du *Lapin courageux*.

Ceux d'entre les consommateurs qui avaient assisté à l'exécution sommaire des bourgeois porteurs de faux-nez, c'est-à-dire la plus grande partie de ceux qui se tenaient dans le cabaret, dans la boutique du rez-de-chaussée, jugèrent prudent de ne pas attendre la fin de cet incident.

Les uns se retirèrent sans tambours ni trompettes.

Les autres étaient tout simplement montés à l'étage supérieur.

Nous laissons à penser ce qui se raconta du haut en bas de l'établissement du sieur Tournesol, au bout de deux minutes de conversations, d'allées et de venues.

Les cinq vigoureux débardeurs, qu'on avait commencé par prendre pour des lutteurs de la salle Montesquieu, étaient devenus peu à peu des géants dignes des contes de fées, des monstres plus terribles que ceux de la fable et de la mythologie.

Toujours est-il que, grâce à la désertion de tous ses clients du rez-de-chaussée, le père Tournesol n'avait plus qu'à les servir, eux tout seuls, dans ces deux pièces où grouillait peu de temps auparavant une foule aussi idiote que mal choisie.

Cette réflexion ne consola pas le cabaretier.

Mais au moment où il ouvrait la bouche pour se plaindre du scandale qui venait d'avoir lieu chez lui, une demi-douzaine de louis que le débardeur noir jeta sur la table changea sa mélancolie en gaieté communicative.

Quand nous disons que tous les débardeurs se trouvaient de nouveau réunis auprès de la table sur laquelle était posé le second bischoff demandé, nous nous trompons.

Trois d'entre ces singuliers consommateurs seulement étaient restés là : le débardeur bleu, l'orange et le noir.

Le débardeur ponceau et le lilas avaient disparu à la faveur du tumulte.

Mouchette, quelque *grouillante* que fût sa nature, n'eût pas mieux demandé peut-être que de quitter la place à leur exemple; mais le pierrot, son amphitryon, avait fortement insisté pour qu'il demeurât à ses côtés.

Le diablotin était resté.

Quant au domino, sombre et silencieux garde du corps de maître Pierrot, il n'avait pas quitté son poste, toute la bagarre durant.

C'était un compère de si redoutable apparence, que depuis l'épreuve tentée par le débardeur orange, personne ne s'était risqué jusqu'à lui pousser le coude en passant.

Bien que la générosité du débardeur noir eût déridé l'honnête François Tournesol et l'eût consolé du vide opéré dans son rez-de-chaussée, il n'était pas tranquille.

Depuis quelques instants, le calme se rétablissait aussi au premier étage.

Les cabinets particuliers devenaient muets, eux qui d'ordinaire n'étaient que sourds et aveugles.

Tous les soupeurs, tous les buveurs, masques et bourgeois, descendaient silencieusement le double escalier en spirale conduisant d'un côté rue de Malte, de l'autre rue d'Angoulême, et semblaient avoir grande hâte de quitter la maison du *Lapin courageux*.

Tournesol se creusait le cerveau pour deviner, pour chercher à comprendre la raison de cette désertion en masse.

S'il l'eût demandée au débardeur lilas, celui-ci la lui aurait peut-être donnée, car, dès qu'il fut rentré dans la salle du rez-de-chaussée, il s'approcha du débardeur noir, et se penchant à son oreille, il lui murmura ces trois mots.

— Tout va bien.

Peu après, le débardeur ponceau parut à la porte de la rue d'Angoulême :

— Ils approchent! fit-il, en opérant de la même façon que le lilas.

— Combien sont-ils?

— Une quinzaine d'hommes, au moins.

— Bien. Et *lui*, est-il avec eux ?

— Il marche aux côtés de M. Jules.

— A sa droite ?

— Oui.

— Ah! monsieur Jules! monsieur Jules! fit le débardeur noir avec un accent de menace terrible, vous jouez avec le feu. Vous serez brûlé.

— Quels sont les ordres ? demande le Ponceau.

— Les mêmes. Tous nos hommes sont placés, n'est-ce pas? répondit le chef ou celui qui paraissait l'être.

— Chacun est à son poste.

— Et les... mouches? continua le débardeur noir avec un sourire dédaigneux.

— Elles préparent contre nous leurs aiguillons les plus acérés.

— La lutte sera donc?...

— Mortelle.

— Pour qui? repartit le débardeur noir. Toutes réflexions faites, messieurs, ne frappez que pour défendre votre vie, ajouta-t-il. Le sang de ces misérables salirait nos mains. Ne tuez qu'à la dernière extrémité.

— Nous obéirons.

— Allez, et attendez le signal.

— Mais vous?

— Moi, je reste ici.

— Prenez garde! tout le danger sera pour vous.

— Vous en aurez votre part, messieurs ; pas de jalousie! dit le débardeur noir en riant.

Puis il ajouta avec un accent de suprême autorité :

— Ici est le poste d'honneur. Ce sera le mien.

— Allez-vous demeurer seul ici? demandèrent les deux débardeurs ponceau et lilas avec inquiétude.

— Non pas; je garde la Cigale !

Le débardeur orange se dressa vivement sur les solides poteaux qui lui servaient de jambes, et se frotta les mains de façon à en faire craquer toutes les jointures.

— Et ces trois personnages-là? demanda tout bas le lilas au noir, en lui désignant le pierrot, le diablotin et le domino. Ces trois-là, qu'en faites-vous?

— Ne vous en occupez-pas. Ils ne se mettront pas contre nous, s'ils se mêlent de la chose.

— Vous en êtes sûr?

— Allez en paix... et sur votre tête... n'agissez pas, ne bougez pas avant le signal convenu.

Le débardeur bleu, le lilas et le ponceau quittèrent le cabaret.

En sortant, le bleu dit à Tournesol :

— Patron, nous voulons souper.

— C'est facile.

— Avez-vous un cabinet libre?

— Hélas! je crains bien qu'il y en ait plus d'un, soupira le Provençal.

— Indiquez-le nous.

— Montez, messieurs. Les garçons sont au premier, et...

— Non pas, non pas, riposta vivement le débardeur bleu, je désire que vous le choisissiez vous-même.

— Comme il vous plaira.

Et le digne M. Tournesol s'engagea d'un air pensif dans l'escalier, à la suite des trois masques, qui le surveillaient du coin de l'œil.

Il était évident que, malgré leur façon de jeter l'or par-dessus les tables, le cabaretier provençal n'avait pas la moindre confiance dans ses hôtes mystérieux.

Il fut sur le point de retourner sur ses pas et de redescendre à son comptoir.

Mais une interrogation menaçante du débardeur bleu le rappela à l'ordre.

Maître Tournesol comprit qu'il n'était plus le maître chez lui.

Il se résigna et ne redescendit point.

Donc, au rez-de-chaussée, il ne restait plus que cinq personnes : le débardeur noir, — l'orange, — le pierrot, — le diablotin — et le domino.

Ce dernier ne s'occupait en aucune façon de ce qui se passait autour de lui.

Les bras croisés sur sa poitrine, les yeux fixés sur le pierrot, il attendait.

Sur un signe de son chef, le débardeur orange s'approcha du diablotin, et le prenant dans ses bras comme une nourrice prend son nourrisson, il lui parla quelques instants dans un coin.

Le gamin écoutait le géant avec un étonnement croissant.

De temps en temps, on l'entendait pousser quelque exclamation, comme celle-ci :

— Ah çà! mais... il parle comme un homme!... De l'éloquence, à présent!... Cré non! quelle plaidoirie!

Et puis, sans répondre à son gigantesque interlocuteur, l'enfant chantonnait, selon sa détestable habitude :

> Ah! si Pacline t'entendait,
> Si mère Pacline t'entendait!

Toujours est-il que la faconde de la Cigale, le débardeur orange, décida le gamin, qui, du reste, ne demandait pas mieux que de se laisser entraîner.

Toutes ses sympathies étaient acquises à *son oncle bien aimé*, comme il l'appelait le plus souvent.

— Ainsi, je peux compter sur toi? fit le géant en forme de conclusion.

— Oui, Nononcle !

— Tu comprends à quoi tu t'engages?

— Je le comprends si bien, mon bonhomme, que je le comprends bien mieux que toi.

— Moumouche! gronda le débardeur orange.

— De quoi? tu n'as parlé qu'à moitié... j'ai deviné le reste... Faut-il pas que je me pose en *gâteux*, et que je n'aie pas l'air de savoir à quoi m'en tenir? Je n'aime pas qu'on fasse joujou avec moi! Faut de la finesse, pas trop n'en faut. Allons-y, maintenant.

— C'est convenu? redemanda la Cigale, qui voulut être bien certain du consentement de Mouchette.

— Archi-convenu !

— Quand je ferai...

— Prrrr ! ouitch !

— Deux fois.
— Oui.
— Crac! une... deux, ce sera fait, répliqua vivement l'avorton. Mais crois-moi, nononcle, de la confiance!... sinon, quand ça me plaira, je tournerai casaque. Et à qui la faute?

— Suis-je le maître? demanda brusquement le géant, qui se faisait violence pour ne pas parler franc au gamin, dont il aurait répondu corps pour corps.

— C'est vrai; t'as raison, Goliath!

Et Mouchette se dégagea des bras de la Cigale, en répétant :

— Chose entendue : je t'appartiens.

De son côté, pendant que le colosse recrutait Mouchette, le débardeur noir avait fait une nouvelle tentative auprès du pierrot pour le décider à se retirer.

Ce fut vainement.

Il pria, il supplia.

Le pierrot lui rit au nez, se contentant de lui répondre :

— Vous restez, je reste! Partez, je vous suis! Je suis venu pour voir, je verrai; pour savoir, je saurai. Ma présence vous gêne, mon bel ami. J'en suis désespéré; mais rien ne changera ma volonté.

— J'ai fait ce que je devais! murmura le débardeur noir, qui se dirigea vers la porte de la rue pour examiner si les gens annoncés par un des siens étaient encore éloignés du *Lapin courageux.*

Mais la porte s'ouvrit brusquement.

Une troupe d'individus costumés, masqués, avinés pour la plupart, fit irruption dans le cabaret.

Ils étaient une douzaine.

Leur entrée fut si précipitée, si inattendue, que le débardeur se vit rudement poussé, repoussé et presque renversé par le flot des arrivants, avant même de reconnaître à qui il pouvait avoir affaire.

Mais le géant quitta le gamin.

En un tour de main la place fut déblayée, et le débardeur noir dégagé.

Cela ne se fit pas sans récriminations.

Mais il n'en fut rien de plus.

— C'est *lui?* demanda le débardeur noir.

— C'est *lui!* répondit l'orange.

Ils allèrent se replacer à la table du pierrot.

Cependant les nouveaux venus menaient grand train et faisaient grand bruit. Ils criaient, se démenaient et affectaient de ne pas voir les cinq personnes qui se trouvaient avant eux dans la boutique de François Tournesol.

— A boire! à boire! Il n'y a donc pas de garçons, dans cette baraque? cria l'un d'eux.

La Cigale et Mouchette se retournèrent ensemble en entendant l'organe enchanteur de M. Coquillard-Charbonneau, revenu costumé en malin, et tout oublieux de sa récente déconfiture.

Mais disons : *oublieux* en apparence — maître

Charbonneau étant le *mouchard* le plus rancunier que la police officieuse ait jamais employé.

Il continua, aidé par ses compagnons, qui frappaient sur toutes les tables à tour de bras :

— Garçon! ohé! garçon. C'est le *Lapin* de la *Belle au bois dormant* ici. Ce n'est pas le *Lapin courageux*. Garçon! ohé! garçon! Père Tournesol, arrivez! A boire! à boire! à boire!

Et tous de répéter :

— A boire! à boire! à l'aide des notes les moins justes et les plus discordantes.

Ni patron ni garçon n'accoururent se mettre à leur disposition.

Les cris, les hurlements, les chocs de verres recommencèrent de plus belle.

Personne ne venait.

Le malin brisa sa canne sur une des tables à force de s'en servir avec violence.

Un des éclats vola en l'air, et retomba devant le débardeur noir. Celui-ci le saisit avec un sang-froid et une amabilité sans égale :

— Monsieur, dit-il, en s'adressant à Coquillard, qui en tenait encore l'autre bout à la main, monsieur?...

— Je ne suis pas un monsieur! répliqua grossièrement son antagoniste.

— Camarade?

— Au diable! Je ne suis pas ton camarade, débardeur d'allumettes à un sou le paquet...

— Soit. Votre canne, répondit l'autre, qui avait fait vœu de patience. Je suis désolé de ne pouvoir vous la rendre au grand complet, mais vous avez eu l'adresse de ne m'en envoyer qu'une minime partie...

— Je n'ai qu'un regret, beau raboteur de bûches mouillées...

— Et lequel ?

— Celui de l'avoir cassée sur une table au lieu de te l'avoir cassée sur les reins.

— Vous êtes aimable, estimable malin.

— Qu'est-ce que c'est ? on fait le joli cœur avec papa ? répondit Coquillard d'un ton de stupide insolence. Faudra voir à changer ta chansonnette.

— Excusez-moi, monsieur Coquillard, fit poliment le débardeur noir, pendant que l'Orange se mordait les poings de la contrainte qu'il s'imposait en ne sautant pas à la gorge de l'*alter ego* de M. Jules, excusez-moi, je n'avais pas l'intention de vous insulter.

— Ah ! ah ! tu me connais, toi ! reprit l'autre étonné.

— C'est pourquoi il m'est totalement impossible de vous adresser la moindre injure.

Coquillard-Charbonneau allait se donner au diable de ne pouvoir mettre la main sur un bon sujet de querelle, tellement sa vanité lui suggérait que le débardeur noir lui parlait sérieusement. Mais un éclat de rire étouffé que Mouchette, le diablotin, laissa échapper à son grandissime regret, l'avertit de son erreur.

Sa rage ne fut que plus violente.

Il regarda autour de lui, comme un taureau aveuglé par la fureur, et frappant du pied, il allait se porter à quelque extrémité, imprudence ou sottise, lorsqu'une toux sèche et sonore, venant d'un des angles de la pièce, le retint, l'arrêta soudain, ainsi qu'eût pu le faire une grille aux solides barreaux de fer.

Dans cet angle, dans ce coin, à l'écart, se tenaient deux hommes masqués, costumés l'un en paillasse, l'autre en domino vénitien.

C'était le paillasse qui venait de mettre un frein à la fureur de Coquillard-Charbonneau.

Ces deux masques, faisant partie de la bande des survenants, étaient les seuls qui n'eussent point hurlé, gesticulé, cabriolé et fait un bruit d'enfer dans le rez-de-chaussée du *Lapin courageux*.

Ils figuraient dans le tableau, plutôt en spectateurs qu'en acteurs.

Ils laissaient faire. Ils n'agissaient pas.

Évidemment, là se trouvait la tête de cette troupe désordonnée. C'était à ces deux masques ou bien à l'un d'eux qu'il fallait demander la cause de cette irruption inattendue.

Le débardeur noir s'en aperçut du premier coup d'œil, et laissant là maître Charbonneau, obligé de museler sa colère, il alla droit au paillasse.

Celui-ci l'attendit sans broncher.

— Paillasse, mon ami, lui dit le débardeur sans aucun préambule, je te remercie de ton procédé.

— Quel procédé? répondit l'autre d'une voix hors nature.

— D'avoir mis une *sourdine* à la *musette* de votre chien de basse-cour.

Coquillard-Charbonneau poussa un grognement de rage qui le fit réellement ressembler à l'animal dont on lui donnait le nom.

Le paillasse ne sourcilla point, et, ne tenant pas à continuer la conversation avec le débardeur noir, il lui tourna le dos sans plus de cérémonie.

Ce dernier ne fit que rire de son impolitesse.

Mais la Cigale, le débardeur orange, ne se contint pas plus longtemps en voyant son chef, si respecté par lui, traité comme un saute-ruisseau.

Il se précipita vers le paillasse, et lui mettant son énorme poing sous le nez :

— Goujat! va-nu-pieds! lui cria-t-il d'une voix de tonnerre.

Ce fut l'étincelle qui mit le feu aux poudres.

Sans s'adresser à la Cigale, dont le poing fermé ne l'effrayait que médiocrement, le paillasse dit :

— Capitaine?

Personne ne répondit.

Il continua :

— Passe-Partout?

Même silence.

— Ah! j'ai l'air de parler chinois, dit sourdement le paillasse en consultant le domino vénitien, que faut-il faire?

— Carte blanche! répliqua le domino vénitien de façon à n'être entendu que de lui.

Le paillasse se dirigea alors avec lenteur vers le débardeur noir, et lui parlant bien en face, les yeux dans les yeux, sans plus se donner la peine de déguiser sa voix :

— Mon cher capitaine, mon bon Passe-Partout, mon excellent ami Rifflard, nous renions donc le soir nos connaissances du matin?

— Ah! ah! c'est vous, digne monsieur Jules? riposta le masque interpellé.

— Moi-même, pour vous servir.

— Trop aimable... mais je ne vous offrirais jamais des gages à la taille de votre mérite.

— C'est ce qui vous trompe.

— Vous êtes modeste.

— Mais oui.

— Une preuve de votre modestie? fit le débardeur noir avec un sourire narquois.

— Vous la voulez?

— Je ne vous cacherai pas que mon étonnement égalera tout au moins votre humilité.

— Libre à vous, mon bon.

— Voyons cette preuve?

— La preuve que je ne demande pas mieux que de vous servir.

— Eh bien ?

— C'est que *vous êtes servi*.

A l'époque où M. Jules faisait partie de la police de sûreté, la locution : Vous êtes ou tu es servi ! avait fini par devenir proverbiale.

Il l'employait pour ordonner à ses hommes, à ses agents, à quel moment il leur fallait saisir leur victime ou se jeter sur leur proie.

Le débardeur connaissait, sans aucun doute, de longue date cette formule menaçante, car, en l'entendant sortir de la bouche du paillasse, il se recula vivement, comme pour se mettre sur la défensive.

Mais quelle que fût la rapidité de son mouvement de retraite, elle n'égala pas la vitesse et le zèle avec lesquels Coquillard-Charbonneau s'approcha de lui.

En moins d'une seconde, la main de l'agent de M. Jules se posa rudement sur l'épaule du prétendu Passe-Partout.

En moins d'une seconde aussi le poing de celui-ci s'abattit avec une telle force sur le crâne de Coquillard, que le misérable tomba comme une masse sur le sol sans jeter un cri, sans même pousser un soupir.

— Tonnerre ! cria M. Jules.

— En plein dans le mille !... grimaça le diablotin en faisant une cabriole.

Les hommes de l'ex-chef de la police de sûreté

se groupèrent derrière lui, prêts à le soutenir.

L'ordre d'attaquer, de saisir le débardeur noir allait être donné par lui.

Mais au moment où M. Jules ouvrait la bouche pour le donner, son adversaire, qui venait de traiter si durement le pauvre Charbonneau, bondit par-dessus la table, qu'il renversa en un tour de main et dont il se fit un rempart.

Le débardeur orange fermait la porte de la boutique à double tour, et se plaçait devant cette porte, le bâton haut, dans une attitude de calme et de résolution qui eussent conseillé la réflexion au plus téméraire.

Enfin, le pierrot et le domino noir flanquaient la droite et la gauche du masque que M. Jules voulait *servir* à sa manière.

— Bien! s'écria l'ex-agent, je ne comptais prendre qu'un épervier dans mon filet; voilà des pigeons qui s'y jettent d'eux-mêmes. A vous les plumes, mes garçons! ajouta-t-il en se tournant vers les siens.

Ceux-ci firent un pas en avant.

— Arrêtez! dit le domino vénitien en s'interposant entre les deux partis, prêts à en venir aux mains.

M. Jules retint ses hommes.

Au son de cette voix, le débardeur noir se pencha du côté de l'inconnu, cherchant à le reconnaître malgré le loup de velours qui cachait hermétiquement son visage.

Le domino vénitien reprit, en s'adressant au pierrot et à son garde du corps :

— Vous, retirez vous ! On ne vous veut pas de mal.

— Laisserez-vous sortir ces messieurs avec nous ? demanda le pierrot de son ton le plus hautain.

— Non pas. Sortez, nous vous en laissons la liberté. Quant à ces deux hommes, nous les tenons et nous les gardons.

— Alors, gardez-vous vous-mêmes. Ces messieurs ne me semblent pas disposés à se laisser prendre.

— On se passera de leur permission, dit M. Jules, qui, le domino vénitien s'étant retiré, venait de reprendre le haut du pavé.

— Faudra voir ! grommela le domino orange, qui se tenait toujours en sentinelle à la porte d'entrée donnant sur la rue d'Angoulême-du-Temple.

C'était un singulier spectacle.

Une quinzaine d'hommes tenus en échec par deux pauvres diables qu'ils comptaient happer sans la moindre résistance, sans aucune difficulté.

M. Jules comprit que, dans l'intérêt de son amour-propre, dans celui de sa réputation, il fallait en finir promptement.

Sortant deux pistolets de sa poche, il les arma, et les braquant sur le débardeur noir.

— Rifflard, Capitaine, ou Passe-Partout, rendez-vous ou je vous tue, s'écria-t-il.

— Je ne suis pas celui que vous croyez, répondit l'autre, se faisant un bouclier de la table renversée.

— Une fois, vous rendez-vous ?

— Non.

— Deux fois ?

— Non.

— Qu'il se démasque, fit l'inconnu.

— Au diable ! repartit le débardeur.

— Vas-y donc ! hurla M. Jules, en faisant feu d'un de ses pistolets.

Le coup partit

Mais auparavant son adversaire lui avait allongé par dessus son rempart improvisé un coup de manchette si vigoureux, si juste, que la balle toucha le plafond, et que son second pistolet lui échappa et tomba sur le parquet.

— Sacrebleu ! dit l'ex-chef de la police de sûreté. A vous, mes garçons ! Allez-y... et à mort ! à mort !

Les masques se ruèrent sur le débardeur, faisant arme de tout ce qui leur tombait sous la main.

Mais alors, le domino orange, mettant la clef de la porte d'entrée dans sa poche, se jeta tête baissée dans la bagarre.

Il frappait, et à chaque coup, un cri retentissait, et un corps roulait à terre.

Alors aussi, le pierrot se plaçait auprès du débardeur noir, deux doubles pistolets à chaque main, criant de sa voix claire et féminine :

Adelante ! Marcos Praya !

A ce cri, à cet appel, le domino noir sortit de son immobilité.

Un long couteau catalan au poing, il s'élança au plus épais de la mêlée.

Quant à Mouchette le diablotin, il avait prudemment disparu.

Or, comme le gamin de Paris n'était point un lâche, il lui fallait de sérieuses raisons pour s'éclipser en pareille circonstance.

Mouchette s'était glissé sous le comptoir.

Qu'attendait-il ?

Un signal.

Et ce signal ne venant pas, Mouchette, qui n'avait qu'une parole, serait demeuré héroïquement à son poste jusqu'à la fin de la bagarre.

Cependant cette lutte de quatre personnes, dont une femme, contre une vingtaine de bandits, plus ou moins dans la légalité, n'eût pu être de longue durée.

Après les coups de poing et de bâton, les coups de couteau s'étaient mis de la partie,

Après les coups de couteau, ç'avait été le tour des coups de pistolet.

Il y avait près d'une demi-minute que l'affaire était engagée.

La Cigale avait eu raison de verrouiller et de fermer la porte de la rue.

Une partie des hommes de M. Jules, restée dans la rue, cherchait à enfoncer cette porte.

L'autre, exaspérée par la résistance forcenée des deux débardeurs et de leurs défenseurs, en étaient arrivés à ne plus vouloir les prendre vivants.

Les cris de : A mort! à mort! poussés par monsieur Jules, succédant aux cris de : Prenez-le vivant! proférés par le domino vénitien ; les plaintes des blessés, le cliquetis du fer, le bris des meubles et le heurt des armes s'entrechoquant, furent dominés à un moment donné par la voix stridente du débardeur noir, jetant ces trois mots :

— Il est temps.

— Prrr! ouitch! fit le débardeur orange : prrr! ouitch!

A ce signal, tout s'éteignit, rampes et becs de gaz.

Des ténèbres profondes remplacèrent subitement l'éclatante lumière qui éclairait les combattants.

Mouchette le diablotin devait être pour quelque chose dans ces ténèbres-là.

Cependant, malgré l'obscurité, le combat continua avec un acharnement sans égal.

Les verres, les bouteilles, les assiettes, les vitres volaient en éclats.

Les cris, les plaintes, les malédictions se croisaient incessamment dans l'air, mêlés au froissement du fer, au bruit mat du bois frappant la chair.

Par échappées, les lueurs des coups de feu rayaient les ténèbres de leurs sinistres éclairs.

On ne s'entendait pas plus qu'on ne se voyait.

Au milieu de cette confusion inénarrable, M. Jules essaya bien deux ou trois fois de dominer les bruits de la lutte et les hurlements des combattants.

Mais la fureur des blessés, touchant à la folie, l'entraînement des autres qui, pareils à des bêtes féroces, avaient flairé le sang, furent plus forts que sa volonté.

Il y perdit sa peine et sa voix.

A tout prendre enfin, l'instinct de la conservation parlant chez lui, avant les autres considérations, il s'orienta, renversant ceux-ci, rampant entre ceux-là, parvint au rempart que le débardeur noir s'était élevé au moyen de la table renversée, et une fois à l'abri, il respira.

Ses hommes se déchiraient, s'assommaient, s'égorgeaient.

C'était un petit malheur.

Pourvu que, la bagarre finie, on remit la main sur celui qu'il regardait comme le chef des Invisibles, M. Jules n'en demandait pas davantage, et il passait condamnation sur la perte fort réparable d'une demi-douzaine de ses coryphées.

Il se faisait même un malin plaisir de penser que mal pouvait être advenu au pierrot, au diablotin et au domino noir, ces trois derniers personnages s'étant mêlés de choses qui ne les regardaient en rien.

Par malheur, l'ex-chef de la police de sûreté proposait plus souvent qu'il ne disposait.

Les événements ne marchèrent pas tout à fait comme il l'espérait.

Le reste de son escouade avait réussi à enfoncer la porte d'entrée du *Lapin courageux,* si consciencieusement verrouillée par le débardeur orange.

Cela fait, les hommes masqués qui la composaient s'étaient rués comme une avalanche dans la boutique.

Le désordre était à son comble.

Des figures effrayées apparaissaient aux fenêtres entr'ouvertes de toutes les maisons de la rue d'Angoulême-du-Temple et de la rue de Malte.

Un noyau de curieux se forma dans la première de ces deux rues. Les coups de feu l'avaient attiré, créé.

En moins de temps qu'il ne nous en faut pour le raconter, ce noyau germa, fleurit, devint arbre et porta des fruits. Si bien qu'au bout de deux minutes, la foule des badauds, ivrognes, filous, était compacte au point d'obstruer la circulation.

Pourtant, par une de ses anomalies qui montrent que, même dans une folle nuit carnavalesque, la capitale du monde civilisé ne se livre pas, poings et pieds liés, aux saturnales des chicards en goguette ou des clercs d'huissier en rupture de ban, du bout de la rue donnant sur le canal Saint-Martin, on entendit un bruit de fusils.

C'était une compagnie d'un régiment de ligne arrivant au pas de course.

Un commissaire de police et plusieurs officiers de paix la précédaient.

La foule s'écarta.

La maison fut cernée de façon à ne pas laisser s'évader un enfant ou une femme.

Le commissaire de police ordonna d'allumer des torches et des lanternes.

Puis il pénétra dans la maison.

Un spectacle de désolation et de sang s'offrit à sa vue.

Le rez-de-chaussée du pauvre Tournesol se trouvait littéralement saccagé.

Meubles, cloisons, vaisselles, verreries, tout était brisé.

Cinq hommes gisaient sur le sol, le crâne ouvert, frappés par la même main, ne donnant plus signe de vie.

Ces cinq hommes faisaient partie de la troupe de M. Jules.

Six autres se tenaient assis par terre ou appuyés à la muraille, blessés plus ou moins grièvement.

Maître Coquillard-Charbonneau, qui avait commencé par se faire balayer dans la rue, lui et son faux-nez, venait de recevoir un si mauvais coup, sous son costume de malin, qu'il en avait perdu connaissance dès le début de l'action.

Assommé par ses ennemis, piétiné par ses amis, le malheureux n'avait pas encore repris ses sens.

M. Jules, pour son compte personnel, s'était tiré d'affaire, les braies à peu près nettes.

Grâce à son retranchement, c'était à peine s'il avait reçu deux ou trois contusions légères.

Au pied du comptoir, enfin, gisait le domino vénitien.

Inutile d'ajouter que le débardeur noir et le débardeur orange, le pierrot et le diablotin avaient disparu.

Ils avaient profité de la nuit si habilement faite par Mouchette, sur le signal donné par la Cigale, pour s'échapper et pour laisser les hommes de M. Jules s'entr'assommer et s'entr'égorger les uns les autres.

Ce dernier, du reste, dès le premier moment d'émotion passé et quand l'ordre fut un peu revenu dans ce désordre, commença par chercher ses ennemis, et, ne les trouvant pas, il poussa la plus terrible de ses imprécations.

D'un bond, il monta à l'étage supérieur.

Rien! personne!

Il redescendit, et, courant au domino vénitien étendu sans mouvement au pied du comptoir, il lui prit le poignet et lui tâta le pouls.

Le pouls battait encore.

Pas de sang sur l'homme évanoui.

L'ex-chef de la police de sûreté respira de ce côté-là.

Sa défaite n'était peut-être pas aussi complète qu'il l'avait jugée de prime abord.

Il se fit reconnaître par le commissaire de police, auquel il essaya d'expliquer ce qui venait de se passer à sa manière, c'est-à-dire le moins véridiquement possible.

Le commissaire lui répondit froidement :

— Désolé, monsieur Jules, de ce qui vous arrive. Mais, je n'ai pas besoin de vous le dire, l'acte que vous avez tenté d'accomplir est en dehors de la légalité.

— Après? demanda l'autre avec effronterie.

— Vous n'aviez pas qualité pour agir ainsi que vous avez agi.

— On sait ça.

— Vous vous êtes placé dans une très-mauvaise position. L'affaire est très-grave. Je me vois obligé de...

— De m'arrêter, pas vrai?

— Vous l'avez dit. Vous vous expliquerez avec M. le préfet.

— Soit, répliqua avec mauvaise humeur l'ex-agent, qui avait trop longtemps appartenu à la police pour ne pas reconnaître la justesse de cette argumentation. Mais, mon cher ami, ne vous imaginez pas avoir trouvé la pie au nid, ajouta-t-il en frappant familièrement sur l'épaule du commissaire; M. le préfet m'absoudra, j'en suis certain.

— Je le souhaite pour vous, monsieur Jules, répliqua l'autre.

— Vous êtes bien bon, je vous remercie, fit

l'ex-agent en saluant ironiquement ; un mot encore, s'il vous plaît.

— Vingt, si vous voulez.

— Avez-vous pensé à faire garder les issues de cette maison ?

— Pourquoi me demandez-vous cela ? interrogea le commissaire de police en souriant avec défiance.

— Comment ! pourquoi ?... Ah ! j'y suis : vous vous imaginez que c'est pour mon propre compte que je vous adresse cette question ?

— Dame !

— Non. Répondez d'abord ; je m'expliquerai ensuite. Avez-vous fait surveiller les issues ?

— Toutes.

— A merveille ; rien n'est perdu. Ceux qui nous ont mis à même de nous étriller si durement les uns les autres seront malins s'ils parviennent à nous échapper.

— De qui parlez-vous ? continua le commissaire de police.

— Des individus que je voulais coffrer.

— Leur nom ?

— *Les Compagnons de la Lune.*

— Les Invisibles... ou une partie des Invisibles ? demanda le commissaire en tressaillant.

— Oui.

— Sont-ils nombreux ?

— Non. Mais, j'en suis sûr, leurs principaux chefs sont cachés dans cette maison.

— Ah ! si nous réussissions à nous en emparer...

— Ce serait une rude affaire.

— Loin d'être blâmés, continua le commissaire de police, on nous voterait une récompense nationale.

— Oui ! oui ! je le sais ; le gouvernement a pris à cœur de mettre la main sur ces malfaiteurs.

— Sont-ce des malfaiteurs ? fit naïvement son interlocuteur.

— Pas précisément ; mais ça en approche.

— Très-bien ! ajouta le commissaire ; je vais procéder à une visite complète depuis la cave jusqu'au grenier.

— C'est convenu. Mais...

— Mais quoi encore ?

— Avant tout, écoutez-moi.

— J'écoute.

— Suivez-moi.

— Ça se chante, ces mots-là, répliqua le commissaire, qui ne manquait jamais de placer une de ces fines plaisanteries qui faisaient les beaux jours de nos prédécesseurs, en l'an de grâce mil huit cent quarante sept.

— Venez.

Cela dit, M. Jules conduisit le commissaire auprès du comptoir, à l'endroit où gisait toujours l'inconnu.

M. Jules souleva le masque de l'inconnu et dit au commissaire :

— Regardez maintenant.

Le commissaire de police obéit et recula de trois pas, en proie à une stupéfaction inimaginable.

— Le duc de... s'écria-t-il.

— Silence! fit vivement M. Jules, ne prononcez pas ce nom-là ici.

— Bon! répondit l'agent, on se taira. Mais comment se trouve-t-il dans cette maison, gisant au milieu de ces gueux?

— C'est lui qui dirigeait l'affaire.

— Bah! vous étiez sous ses ordres?

— Directs, cher monsieur.

— Oh! oh! voilà qui change la thèse.

— N'est-ce pas? Je savais bien que nous finirions par nous entendre.

Et M. Jules retrouva une partie de sa belle assurance, qu'une succession d'échecs et de revers imprévus avait entamée.

— Que faire? que faire? se demandait à part lui le commissaire de police, embarrassé au dernier chef.

L'agent l'examinait attentivement sans en avoir l'air.

Après s'être adressé cette question tout bas cinq ou six fois, le commissaire finit par se l'adresser tout haut.

M. Jules saisit la balle au bond et lui répondit :

— Que faire? mon Dieu, c'est simple comme deux et deux font quatre. Il faut d'abord l'enlever d'ici.

— Qui? le duc?

— Lui-même, et au plus vite.

— Si on allait le reconnaître?

— C'est précisément pour qu'on ne le reconnaisse pas que je vous conseille de l'enlever sur-le-champ.

— Vous avez raison. Malheureusement, cette nuit, il m'est impossible de me charger de cette corvée.

— Merci pour *lui*, dit l'ex-chef de la police de sûreté.

— Je voulais dire : de ce soin, reprit vivement son interlocuteur.

— Voulez-vous que je m'en charge? demanda M. Jules avec la plus complète insouciance.

— Vous!

— Moi-même.

— Au fait, pourquoi non? ajouta le commissaire. Je prends sur moi de vous laisser libre.

— Ouf! fit l'autre en respirant à pleins poumons.

— Mais à une condition?

— Laquelle?

— Vous vous tiendrez à ma disposition.

— Je vous le promets.

— Et à ma première requête, à mon premier appel, vous viendrez.

— J'accourrai.

— C'est chose convenue?

— Parole donnée!

Et l'ancien chef de la police de sûreté tendit la main au commissaire de police, qui la serra cordialement.

— Vous me laissez mes hommes? fit-il.

— Ceux qui vous seront indispensables.

— Je n'ai besoin que de deux d'entre eux.

— Vous m'en répondez?

— Comme de moi-même.

Le commissaire ne sourcilla pas et prit cette réponse, bon jeu, bon argent.

— Prenez ceux que vous voudrez, répliqua-t-il.

M. Jules ne fut pas long à faire son choix.

Le choix décidé, on déblaya la situation.

Les morts furent envoyés à la Morgue ; les blessés, placés d'urgence à l'hôpital, et les valides conduits à la Préfecture.

Ainsi qu'il s'y était engagé, le patron de maître Coquillard-Charbonneau s'occupa spécialement de l'inconnu que le commissaire s'obstinait à appeler le duc.

Il le fit enlever par les deux gaillards qu'il avait choisis dans sa troupe.

Avant même de le leur livrer, à moitié assommé, à moitié évanoui, il prit le soin de l'envelopper dans un large manteau.

De la sorte, nul curieux ne parvint à regarder de près quel homme était ce personnage à la tenue si orgueilleuse, qui s'en allait aussi piètrement, après avoir fait une entrée aussi triomphale.

Au moment de leur donner l'adresse de l'inconnu, M. Jules réfléchit qu'il serait plus adroit de ne rien leur donner du tout et de finir la chose lui-même, à l'insu de ses sicaires.

Il donna l'adresse de son propre domicile, boulevard du Temple.

On se mit en route.

Il suivit.

De son côté, le commissaire de police ne perdait pas son temps.

Il procéda immédiatement à une visite exacte et minutieuse de la maison.

Pas un coin ni un recoin du *Lapin courageux* ne furent négligés.

Ce fut en vain.

Les *Invisibles* venaient de mériter leur nom une fois de plus.

Ils avaient disparu sans laisser l'ombre d'une trace.

Le restaurant et le magasin de François Tournesol se trouvaient dans un état de vide complet.

A force de chercher, on trouva quelque chose quelque part.

On trouva le malheureux cabaretier provençal et ses douze garçons, dont six d'*extrà*, dans la plus belle cave de l'établissement.

Ils étaient étendus, les uns près des autres,

symétriquement, sur la terre, garrottés avec une adresse rare sans que la corde les blessât, bâillonnés avec des poires d'angoisse élastiques, et la tête couverte d'une serviette.

Les *Invisibles* ou leurs acolytes avaient poussé la délicatesse jusqu'à ne se servir que de serviettes blanches.

Le commissaire de police s'empressa de les faire délier, débâillonner, et de leur demander force petits détails.

Le sieur Tournesol répondit par des exclamations de désespoir, entrecoupées de malédictions à l'adresse de M. Jules et de Coquillard-Charbonneau, qui prenaient sa maison pour une souricière.

Cette fois les souris et les rats avaient mangé les chats.

Et, à dire vrai, maître Tournesol avait été assez largement payé, dédommagé de ses pertes par les cinq débardeurs, pour ne pas se ranger du côté de leurs persécuteurs.

Un cabaretier a toujours une reconnaissance éternelle pour l'honnête ou le malhonnête client qui lui remplit sa poche ou sa caisse.

Les garçons se secouèrent, reprirent pied, poussèrent quelque douzaine de cris joyeux en sentant leurs goussets regorgeant d'écus, mais ne donnèrent aucun renseignement.

Ils ne savaient absolument rien de plus que ce que savait M. le commissaire.

A quatre heures du matin, ce dernier se retira, tout désappointé du mauvais résultat de ses recherches, et se promettant de s'en prendre à M. Jules du buisson creux qu'il venait de trouver.

XIV

Où la comtesse de Casa-Real ne sait plus distinguer le bleu du noir.

Maintenant il nous faut expliquer comment ceux que M. Jules et le commissaire de police prenaient pour des membres de la redoutable association des *Invisibles* étaient parvenus à disparaître si subtilement d'une maison cernée par des soldats et par des escouades d'agents de police.

On se souvient qu'au signal donné par le débardeur orange, Mouchette s'était glissé sous le comptoir vide du père Tournesol.

Là, se trouvait le compteur à gaz de l'établissement du *Lapin courageux*.

Le gamin en avait tourné le robinet.

Toute la maison s'était trouvée plongée d'un seul coup dans la plus profonde obscurité.

C'était ce que voulaient nos deux débardeurs.

Connaissant les êtres de longue date, ils étaient convenus à l'avance de leurs faits et gestes.

Au moment de donner le signal, ils avaient eu soin, tout en distribuant force horions à droite et à gauche, de se rapprocher le plus possible l'un de la comtesse Hermosa de Casa Real, déguisée en pierrot, l'autre de Marcos Praya caché sous son domino sombre.

Les ténèbres faites par Mouchette le diablotin, qui avait reçu des instructions le concernant personnellement, la comtesse et son serviteur furent enlevés à l'improviste, et tous disparurent sans bruit par les montées.

Il va sans dire que leurs agresseurs, se ruant désespérément les uns sur les autres, avaient redoublé de coups et de vacarme.

Cependant, arrivé au premier étage, le débardeur orange, la Cigale, siffla doucement.

On attendait ce coup de sifflet, car malgré la timidité avec laquelle le géant venait de le lancer, un coup de sifflet semblable au sien, mais assez éloigné, lui répondit immédiatement.

La Cigale marcha en avant.

Les autres, parmi lesquels Mouchette le diablotin se trouvait sans que personne se fût occupé de lui, suivirent en silence.

On traversa d'un pas leste plusieurs salles, veuves de leurs consommateurs et de leurs clients.

Comme s'ils eussent été doués de la faculté de voir en pleine nuit, les deux débardeurs, guidant leurs trois compagnons, arrivèrent à une porte masquée percée dans le mur de soutènement de la maison.

Le débardeur noir l'ouvrit et fit passer ceux qui le suivaient.

Cela fait, il entra et ferma la porte.

En bas, le bruit de la lutte s'entendait toujours.

— Es-tu là, compagnon? demanda le débardeur noir.

— Je suis là, lui répondit-on.

— Seul?

— Non.

— Combien?

— Deux.

— Bien. Le cabaretier?

— Garrotté, bâillonné et couché dans sa cave.

— Ses garçons?

— Garrottés, bâillonnés et encavés comme lui.

— Ont-ils fait résistance?

— Très-peu. On les a payés et dédommagés d'avance.

— En avant! dit simplement le débardeur.

Un bruit sec se fit entendre, et une lueur subite pénétra dans la pièce où ils se trouvaient.

La plaque d'une vaste cheminée venait de se déplacer et de disparaître le long d'une rainure se fondant dans la boiserie.

— Hâtez-vous, dit le débardeur.

Ses compagnons lui obéirent sans hésitation.

— Tu es décidé à nous suivre jusqu'au bout, petit? dit la Cigale au diablotin, qui, à son tour, se préparait à se glisser au travers de la trappe.

— Pardi! répliqua le gamin, j'ai pris mon élan, faut qu'ça roule.

— Tu sais à quoi tu t'engages?

— Vous êtes bavard! fit Mouchette avec un geste plein d'importance et de raillerie.

— Il y va de la vie!

— O misère! un chiffon, quoi!

— Il y va de la vie de ton répondant!

— La Cigale vivra plus longtemps que toi, mon petit vieux. Allons-y, si vous ne voulez pas qu'on nous *arquepince* tous les deux.

Le calme semblait, en effet, se rétablir au rez-de-chaussée.

— Va, moutard.

— Enlevez, c'est pesé! cria le gamin, et il passa. Le débardeur le suivit.

Derrière lui, la trappe retomba.

Presque aussitôt, un bruit de pas lourds et de crosses de fusils se fit entendre.

— Il était temps! murmura le guide des fugitifs.

— Et que juste! ajouta Mouchette, qui, chez lui

partout, dans un palais aussi bien que dans un taudis, se vautrait tout de son long sur une causeuse de la plus grande élégance.

La pièce dans laquelle ils se trouvaient était vaste, somptueusement meublée et éclairée par un lustre à verre dépoli.

De lourdes portières en tapisserie assourdissaient les portes et les fenêtres.

Pourtant, par intervalles, une musique lointaine envoyait des bouffées d'harmonie dans cette salle.

On eût dit un orchestre de bal.

Le débardeur noir savait probablement à quoi s'en tenir là-dessus.

Il ne se donna point la peine d'expliquer à ses compagnons où, pourquoi, et si l'on dansait dans les appartements circonvoisins.

— Nous voici en sûreté ; causons, dit-il.

— La parole est d'argent, le silence est d'or ! répondit sentencieusement Mouchette. C'est l'opinion de m'man Pacline, c'est la mienne aussi. Je ferme ma boîte à musique. A un autre le tour.

Et il s'étala de plus belle sur le velours de son fauteuil.

— Entendez-vous, messieurs ? s'écria la comtesse de Casa-Real en se penchant vers le mur de séparation.

— Quoi! mon ami Pierrot ? demanda le débardeur noir avec une nonchalance ironique.

— Des allées et des venues dans la pièce voisine.

— En effet.

— On fait des recherches...

— On veut nous trouver, c'est bien le moins qu'on nous cherche un peu.

— On nous trouvera.

— Oh ! c'est une autre chanson !

— Ne parlez pas aussi haut tout au moins.

— A quoi bon toutes ces précautions, ô Pierrot, mon camarade ? D'ici nous pouvons voir et entendre qui et ce qu'il nous plaira, mais nul ne peut nous entendre ou nous voir.

— Impossible de le prendre en faute, pensa la comtesse Hermosa. Il faudra pourtant bien que je vienne à bout de cet homme.

Le débardeur noir coupa sa réflexion par le milieu.

— Orange ! appela-t-il.

La Cigale accourut à son ordre.

— Vas où tu sais, continua le débardeur noir.

— Bon, fit le géant. Seul ?

— Prends le petit.

— Il vous gêne ?

— Oui.

— Hop là ! dit la Cigale.

Et sans ajouter d'autre observation, le colossal débardeur orange s'approcha du diablotin, qui se faisait des grâces dans une glace de Venise placée en face de lui, l'empoigna par le fond du vêtement que la pudeur anglaise ne permet pas de nommer, et le jeta sans façon sous son bras.

— De quoi? hurla Mouchette, qui se trouvait mieux dans son siége nouvellement rembourré, que sous le bras anguleux de son gigantesque ami. Encore un voyage d'agrément! Je ne veux pas prendre le train tout seul. Où sont les voyageurs?

— Viens avec moi, et tais ton bec, dit l'autre, se dirigeant vers la porte d'entrée.

— Je me tairai si ça me plaît, criait Mouchette en *gigotant* comme un écureuil dans sa gage. Et comme cela ne me plaît pas, je parlerai.

— Serin, va!

A force de se débattre, de s'agiter, de se remuer de tous les côtés, le gamin avait fini par glisser entre les doigts du colosse, qui n'osait pas le serrer de peur de l'étouffer.

Une fois sur ses jambes, et redevenu maître de sa diabolique petite personne, Mouchette se campa fièrement le poing sur la hanche et dit avec gravité :

— Mon oncle, mon bon oncle — c'était le terme d'amitié usité par Mouchette à l'égard de la Cigale — en vérité, vous me prenez pour l'oiseau que vous venez de me lancer à la tête, en pleine figure.

— Voyons, suis-moi, fit le débardeur orange. C'est pressé.

— Dis-le, donc imbécile.

Le gamin venait de rendre au géant la monnaie de sa pièce. Il fit une gambade et répliqua :

— Je veux bien te suivre, mais non que tu m'emportes sous ton bras comme un paquet de linge douteux. Va. Je t'emboîte.

— Sacré môme! grommela le débardeur orange. Et, sans rien ajouter, il saisit une seconde fois son protégé, l'installa commodément sur une de ses puissantes épaules.

Cela fait, sans lui laisser le temps de se reconnaître une seconde fois, il s'éloigna et l'*emporta*, ainsi que Mouchette avait dit précédemment.

Le débardeur noir demeura seul avec la comtesse de Casa-Real et son fidèle Marcos-Praya.

Mais Marcos se tenait respectueusement à l'écart.

Le débardeur alla vers la comtesse et lui prenant la main dans les siennes, il reprit :

— Madame la comtesse...

— Oh! monsieur, interrompit vivement et avec reproche Mme de Casa-Real. Ai-je jeté votre nom aux quatre coins de ce logis?

— Vous ne le pourriez pas, répondit tranquillement son interlocuteur.

— Par quelle raison?

— Par la meilleure; vous ne le savez pas.

Le pierrot sourit et haussa les épaules.

— Continuez, je vous prie.

— Pierrot, puisque vous le voulez, mon ami Pierrot, j'ignore les motifs qui vous ont conduite...

— Conduit, reprit le pierrot.

— Conduit... oui... dans le bouge, dans l'honnête tapis-franc tenu par l'honorable François Tournesol.

— Je vous l'apprendrai peut-être.

— Vous me comblerez de joie, quoiqu'à tout prendre ces motifs ne doivent me concerner en rien.

— N'en jurez pas.

— Soit, laissons cela de côté, et arrivons au point principal de mon discours.

— Arrivez, monsieur, arrivez, fit le pierrot, qui désirait bien mettre le bout de son joli nez rose dans les affaires des autres, mais qui ne pouvait souffrir qu'on s'occupât des siennes propres.

— Tout à l'heure, fit le débardeur noir, à la fin de la bagarre, vous m'avez supposé dans un embarras cruel, et vous m'êtes bravement venue en aide...

— Le beau mérite !

— J'ai tout d'abord des excuses à vous adresser...

— A moi ? Pourquoi ?

— Je ne m'attendais ni à cette vaillance ni à cette générosité de votre part.

— Mille remercîments ! fit le pierrot en riant de son rire le plus argentin.

— Je me suis trompé, je l'avoue ; et quoique je ne comprenne pas bien le mobile et le but de cette conduite, je me vois obligé d'en reconnaître toute la magnanimité.

Le débardeur noir prononça peut-être un peu narquoisement ce mot : *magnanimité,* mais le pierrot ne répondant rien, il continua :

— La reconnaissance exigeait que je ne vous abandonnasse pas dans la périlleuse situation où vous vous étiez mise pour moi... voilà pourquoi je vous ai enlevés, vous et votre joyeux acolyte.

Marcos Praya, le domino noir, salua.

— Où voulez-vous en venir? demanda le pierrot.

— A ceci : nous sommes quittes, n'est-ce pas, mon ami Pierrot?

— D'autant plus quittes que vous ne me deviez absolument rien.

— Alors, séparons-nous.

— Nous séparer?

— Oui. Notre route n'est pas la même.

— Êtes vous certain de ce que vous avancez-là, mon beau débardeur.

— Certain de cela, comme je suis certain de vous donner un excellent conseil en vous engageant à ne pas me suivre plus longtemps.

La comtesse de Casa-Real réfléchit quelques secondes, puis faisant un effort sur sa nature hautaine.

— Serons-nous donc toujours hostiles l'un à l'autre? fit-elle en se servant de toutes les grâces de sa voix harmonieuse.

— Avouez que voilà une phrase tout au moins originale dans votre bouche, Pierrot, mon ami! Est-ce au moment où vous êtes venue à mon secours, où je vous ai tirée moi-même d'une escarmouche dangereuse, que vous nous supposez ennemis? répondit le débardeur avec une gaieté jouée à merveille

— Je vous parle sérieusement, monsieur.

— Sérieusement!... Mille pardons, madame. Alors, permettez-moi de vous assurer que votre imagination aventureuse vous a fourvoyée.

— Je ne le crois pas.

— Vous êtes venue dans le cabaret du *Lapin courageux* pour y chercher... tranchons le mot, pour y espionner quelqu'un.

— Cela peut être.

— Cela est. Vous me prenez pour ce quelqu'un-là?

— Je vous prends pour ce que vous êtes, monsieur le comte de...

— Oh! non pas de nom... vous l'avez dit vous-même tout à l'heure.

— Avouez alors! fit vivement le pierrot.

— Avouer quoi?

— Que vous êtes celui que je cherche.

— Vous vous trompez, madame. Faut-il me démasquer?

— Inutile. Vous possédez un merveilleux talent de transformation. je le sais. Je m'y suis vue prise plus d'une fois, répondit Hermosa ironiquement. Vous changez à plaisir les traits de votre visage, mais vous oubliez, mon beau débardeur, qu'il y a une chose impossible à dénaturer.

— Laquelle, Pierrot, mon ami?

— L'œil...

— Et l'expression du regard, n'est-ce pas ?

— Vous l'avez dit.

— D'où vous concluez, madame?

— Vous vous êtes démasqué un moment, quand nous étions établis dans le bouge voisin.

— En effet, fit le débardeur avec un fin sourire. Ç'a été l'affaire d'un moment.

— Ce moment m'a suffi. A la lueur, au jet de flamme qui s'échappa de vos yeux noirs, j'ai bien reconnu l'homme que je cherche.

Le débardeur ne chercha pas sa réponse.

Il enleva son loup de velours et se pencha vers la comtesse de Casa-Real.

— Démon! murmura-t-elle avec stupéfaction.

L'homme qui lui montrait son visage n'avait pas la plus minime ressemblance avec celui qui s'était démasqué dans le cabaret du père Tournesol.

Il avait les yeux couleur bleu de ciel.

— Je n'y puis rien madame, dit-il en remettant son masque; mais, à mon grand regret, puisque cela semble vous contrarier, j'ai passé jusqu'à ce jour pour avoir les yeux bleus. Reconnaissez-vous que, pour la première fois de votre vie, sans aucun doute, vous vous êtes trompée.

— Je reconnais, fit-elle d'une voix hachée par la colère et par l'impuissance, je reconnais que j'ai été trompée.

— Cela revient à peu près au même.

— Mais...

— Ah ! il y a un mais, mon ami pierrot.

— Mais celui que je cherche est ici.

— Trouvez-le, madame.

— En admettant qu'il soit en effet parmi nous, demanda le débardeur bleu, qui venait de rentrer avec le lilas, qu'auriez-vous à lui demander ?

— Que vous importe ? fit violemment la comtesse en se tournant vers les nouveaux venus.

Convaincue d'avoir été la dupe d'un changement rapide de costumes, la créole avait résolu de les pousser à bout à force d'insolences, espérant qu'à la voix elle reconnaîtrait l'objet de ses poursuites.

Le débardeur bleu s'inclina et se tut.

Le noir reprit la parole en son lieu et place :

— Vous aurez beau jeu avec nous, madame, continua-t-il ; ces messieurs ne savent répondre qu'aux hommes, quand on leur parle de ce ton-là. Vous êtes sûre d'avoir toujours raison, en les traitant avec autant de douceur.

— Oui, oui... vous êtes tous plus ou moins gentilshommes, messieurs les Invisibles ! fit Hermosa sèchement. Je me plais à le constater. J'espère que cet aveu, dépouillé d'artifice, ne blessera pas votre modestie, monsieur du Lilas ?

Le débardeur lilas, que la créole venait de prendre à partie, n'avait pas desserré les dents depuis son entrée.

Il répondit, après une légère hésitation :

— Nous ne sommes pas modestes, mon joli pierrot.

— C'est sa voix, pensa-t-elle.

Et voulant vérifier si son oreille et sa mémoire ne la trompaient pas, elle saisit la balle au bond et reprit :

— Péché confessé est à demi pardonné. Vous convenez de votre orgueil, je l'excuserai donc facilement.

— C'est une qualité que Mme de Casa-Real comprend chez les autres, elle qui la possède à un si haut degré.

— Je savais bien que je vous forcerais à parler, monsieur le comte de Warrens. Je savais bien que partout où se trouvent les *Invisibles*, vous vous trouvez.

— Ah! vous aussi, madame, vous tenez à donner ce nom à ces messieurs. Libre à vous.

— Il me semble, d'après ce qui vient de se passer qu'ils l'ont justifié. Mais ce n'est pas de vos amis qu'il s'agit, c'est de vous-même, monsieur le comte.

— Voilà deux fois que vous me donnez ce titre, madame, je regrette de ne pouvoir le garder.

— Vous niez?...

— Faut-il me démasquer?...

— Comme monsieur? ajouta la créole en riant et en montrant le débardeur noir, qui causait bas avec le bleu ; non, je vous remercie ; on s'est déjà joué de moi, cette nuit. Je ne désire pas vous donner raison de nouveau.

— A vos ordres.

— Un mot encore, je vous prie.

— Parlez, je vous écoute.

— Où sommes-nous?

— Dans le salon d'une maison bourgeoise, qui se trouve très-honorée de vous recevoir.

— Ces fenêtres donnent...?

— Rue de Malte.

— Cette maison est contiguë au restaurant du *Lapin courageux?*

— Oui, comtesse.

— Je suppose que vous et ces messieurs vous êtes toujours dans l'intention de vous débarrasser de ma personne.

— *Séparer* est plus vrai, madame.

— Pas de politesse. Parlez franc.

— Pour vous-même, dans votre propre intérêt, il importe que vous nous quittiez.

— Bien. Vous êtes les plus forts, il me faut vous céder la place.

— Oh! madame, pourquoi nous parler ainsi, quand votre salut seul...?

Elle l'interrompit nerveusement et dit :

— Votre sollicitude me touche. J'espère un jour pouvoir m'acquitter envers vous, et vous rendre *guinée* pour *souverain*.

— Mais, en attendant?...

— En attendant, indiquez-moi, de grâce, le moyen de sortir de cette maison sans être remarquée.

— Rien de plus facile.

— Dites.

— Le propriétaire de cet hôtel...

— Pardon, vous m'aviez raconté de prime-abord que nous étions dans une maison des plus bourgeoises.

Le débardeur lilas se mordit les lèvres et il reprit avec vivacité :

— Oh! mon Dieu! hôtel, maison, c'est tout un.

— Maison garnie, alors? fit ironiquement la comtesse de Casa-Real.

— Non, madame, non. Le propriétaire de cet immeuble, si mieux vous aimez, en habite le premier étage.

— Il donne un bal?

— Masqué.

— De sorte qu'en me glissant dans ses salons...

— Personne ne fera attention à vous.

— Merci bien.

— Si vous mettez un loup, bien entendu. En avez-vous?

— J'en ai deux dans ma poche, un blanc et un noir.

— Voyez donc, comtesse, vous êtes deux fois plus dissimulée que nous, qui en portons un seulement.

— Oui, mais moi, j'ôte les miens.

— On n'est pas femme, et jolie femme, pour rien.

— Des compliments! Ce n'est pas lui! murmura-t-elle. Cette maison, cet hôtel, cet immeuble, comme vous l'appelez, appartient à...?

— A quelqu'un.

— Je m'en doute.

— Que je ne connais pas.

— Un indigène? demanda le pierrot en riant.

— Un Français? Non madame. Un riche étranger, un Espagnol, je crois.

— Un Espagnol. Vous me le présenterez... un compatriote...

— Vous oubliez, comtesse, que vous passerez incognito...

— C'est vrai.

— D'ailleurs, n'ayez pas de regrets. Je ne lui ai jamais été présenté moi-même.

— Ainsi, nous nous trouvons chez ce descendant de Pélage?...

— A son insu.

— Et vous ne le connaissez pas?

— Ni d'Ève ni d'Adam.

— Allons! c'est à merveille.

Elle se leva, certaine qu'elle n'en apprendrait pas davantage, ses ennemis ou ses protecteurs jouant toujours aussi serré.

Les masques se levèrent comme elle.

— Faut-il vous servir de guide? demanda le débardeur lilas.

— Non, je trouverai l'antichambre toute seule.

— Traversez trois salons en enfilade et prenez à gauche.

— Venez, Marcos.

Le domino noir la suivit.

En sortant, elle adressa un dernier salut et un dernier sourire à ces hommes dont elle ne pouvait s'approprier le secret, et qu'elle haïssait comme elle savait haïr.

Ils s'écartèrent tous respectueusement pour la laisser passer.

Le débardeur noir souleva la portière de la porte vers laquelle la comtesse de Casa-Real s'était dirigée suivie de son fidèle métis.

Ils disparurent.

La portière retomba.

— Cette femme nous perdra si nous ne la perdons! fit le débardeur noir. C'est une lutte mortelle entre elle et nous.

— Qu'y faire? dit le lilas; parer ses coups.

— Et riposter vigoureusement! ajouta le bleu.

— Sans riposter, reprit le lilas. Vous l'avez dit, c'est une femme.

— Non, ce n'est pas une femme : c'est une hyène, une tigresse, une bête féroce! Elle s'est retirée la rage au cœur et le sourire aux lèvres. La croyez-vous dupe de la comédie que nous venons de jouer devant elle? Notre changement de costume ne l'a pas trompée!...

— Elle est fine! mais...

— Elle vous a reconnu, malgré toutes les précautions que vous avez prises pour déguiser votre voix.

— Je le répète, répliqua le débardeur lilas, tenons-nous sur nos gardes.

— Et soyons sans pitié pour elle, le cas échéant, comme elle ne manquerait pas de l'être pour nous.

— Pourtant, voyez, elle s'est précipitée bravement à mon secours.

— Son but n'était pas atteint, sa curiosité n'était pas assouvie ; voilà le motif de sa conduite généreuse. Et puis, ne l'oubliez pas, ajouta le débardeur bleu, la présence de cette femme dans le cabaret a déjoué toutes nos combinaisons. Sa haine maudite, en se jetant à la traverse de nos projets, peut en retarder l'exécution d'une année entière.

— Vous dites vrai, mon ami ; mais nous en sommes délivrés momentanément. Elle est partie, enfin ! ne songeons plus à elle. A l'œuvre ; remettons-nous à l'œuvre et regagnons le temps perdu.

— Partie ! fit le débardeur noir, que nenni. La comtesse de Casa-Real est une créole pur-sang. Elle n'a que deux passions : la haine et l'amour. Ces deux passions sont également fatales à ceux pour qui elle les ressent. L'une et l'autre vous brûlent, vous dévorent, vous annihilent. Vous la croyez partie. Je suis sûr, moi, que si elle a quittée la maison, elle s'est embusquée, mise aux aguets dans les environs de la grande porte, pour surveiller notre sortie et nous suivre à la piste.

— Le cas est prévu. Ce sera tant pis pour elle.

— Vous le savez, messieurs, je défends qu'on touche à un cheveu de sa tête, s'écria le débardeur lilas.

— Sa vie ne court aucun péril, répondit le bleu, mais je ne réponds pas de la fraîcheur de ses manchettes et de son col de chemise.

Sur ce pronostic, qui eût peu rassuré la créole, sans parvenir à l'arrêter dans l'exécution du projet qu'elle venait de concevoir, les débardeurs que M. Jules et elle assuraient faire partie de la *Société des Invisibles* se turent d'un commun accord.

La foule envahissait les abords du salon où ils se trouvaient.

XV

Où l'affût tourne mal pour les chasseurs.

Cependant la comtesse de Casa-Real et Marcos Praya, son majordome, avaient suivi les indications données par le débardeur noir.

Mêlés à la foule des invités, costumés ou masqués, qui circulaient dans les salons, ils avaient pu facilement aller, venir, descendre et sortir tous les deux de la maison sans que personne s'en fût aperçu.

La créole allait devant.

Le métis suivait comme un chien fidèle. Il s'était fait l'ombre da cette femme, pour laquelle il eût donné sa vie sans hésitation.

A peine M°¹ᵉ de Casa-Real eut-elle marché quelques pas dans la rue, qu'elle s'arrêta.

Marcos Praya s'arrêta aussi.

— Marcos Praya, dit-elle à voix basse.

— Señora !

— Nous n'irons pas plus loin.

Marcos la regarda sans comprendre, mais sans l'interroger. Il ne savait penser et agir que loin d'elle.

En la présence de sa maîtresse, toutes ses forces se concentraient dans son admiration.

Il la voyait, il l'écoutait. C'était tout.

Alors sa seule vertu, sa seule intelligence se traduisaient par ce mot : *obéir*.

En face d'eux se trouvait une maison borgne, à l'entrée étroite et sombre, donnant sur une de ces allées larges de deux pieds, un couloir plutôt, où deux personnes ne pouvaient passer de front.

Ce fut là, à l'entrée de ce long couloir, que la comtesse entraîna son majordome.

Elle se blottit dans le coin le plus obscur.

Ses vêtements clairs risquaient de la trahir, le métis se plaça devant elle.

Mal leur en prit.

Attentive comme une chatte qui guette, toute à son affût, Madame de Casa-Real, regardant par-dessus l'épaule de Marcos Praya, ne laissait entrer ni sortir aucun invité du riche Espagnol dont lui avait parlé le débardeur lilas, sans l'examiner des pieds à la tête.

Le métis, placé devant elle comme un bouclier,

du côté de la rue, ne put prêter attention à un bruit de pas aussi léger que celui d'une feuille secouée par le vent, qui se fit entendre derrière sa protégée. Pourtant il eut une intuition du danger qui les menaçait.

Il tourna la tête vers elle ; il ouvrit la bouche pour lui conseiller de ne pas rester plus longtemps à l'entrée de ce repaire.

La créole lui imposa vivement silence.

Elle attendait.

Elle ne vivait que par le regard.

Tout à coup un voile s'abattit sur ses yeux, un bâillon se posa sur sa bouche, et une voix qu'elle crut reconnaître pour celle de Mouchette, lui murmura à l'oreille.

— N'bougeons plus, m'sieu Benjamin. On n'vous fera pas de bobo.

Elle voulut résister, ce fut en vain ; on l'avait saisie, enlacée, si adroitement, qu'elle ne put remuer ni bras ni jambes.

Par un effort de suprême énergie, elle parvint à déranger le bâillon qu'on avait placé sur ses lèvres, et elle cria :

— Marcos ! à moi !

Une main de fer lui saisit le cou comme eût pu le faire un étau de forgeron.

Elle se tut et tomba évanouie.

Au cri d'appel de sa maîtresse, Marcos Praya avait bondi à son secours.

Malheureusement pour lui et pour elle, la position qu'il occupait ne lui permit pas de prendre son temps et ses précautions.

Il lui fallut se retourner, chercher la comtesse, qui était tombée, et parer le coup terrible qui lui était lancé par un de ses adversaires.

Cet aversaire n'était autre que la Cigale.

Or, quand de deux lutteurs, même de force égale, l'un a pour lui les avantages du lieu, de la lumière, de l'attaque et de la défense, l'autre n'a plus qu'à tomber le plus proprement possible à ses pieds.

C'est ce que fit le métis, qui roula comme une masse sur le sol en poussant un sourd gémissement.

La Cigale l'avait littéralement assommé.

— Mâtin! quel marteau vous avez au bout du bras, mon bel oncle! s'écria Mouchette le diablotin avec un respect profond, V'là ce que c'est : moi, j'ai voulu ménager mon pierrot, il a manqué prendre sa volée ; vous, vous n'avez pas mis beaucoup d'égards dans la poignée de poing que...

La Cigale l'interrompit :

— Tais-toi! fit-il ; je ne l'ai assommé qu'à moitié...

— Merci pour lui ; répondit la voix goguenarde du gamin.

— Il s'en tirera avec un peu d'eau de sel sur le crâne.

— Faut-il en aller chercher, Nononcle?

— Non pas. Il ne faut pas qu'il retrouve la vue ni la parole avant un couple d'heures.

— Alors, ce n'est pas fini.

— T'as deviné, crapaud, ce n'est pas fini.

— De quoi retourne-t-il encore ?

— Ah ! voilà ! dit la Cigale.

Mouchette se plaça entre le colosse et la comtesse de Casa-Real, qui gisait étendue sur le sol à quelque pas du métis.

— Minute ! fit-il, minute, ma petite vieille.

— Hein ? gronda l'autre.

— Ne touchons pas à ça.

— A quoi? à cette diablesse ?

— Diablesse ou non, s'écria le gamin, c'est ma cliente ou mon client, comme il te plaira. Je ne veux pas qu'on me l'abîme !

— Tu ne veux pas, moucheron !

— La comtesse est mauvaise comme une teigne, c'est vrai ; mais m'sieu Benjamin paye comme un empereur indien.

— Qu'est-ce que ça me fait à moi ? demanda la Cigale, faisant un mouvement pour passer outre.

— A toi, mon oncle, rien ! Mais à moi, c'est le meilleur de mon saint-frusquin ; on ne le détériorera pas sous mes *mirettes*.

— Eh! qui te parle de te le détériorer, ton Pierrot ! gronda le géant avec impatience.

— Je vous abandonne le nègre blanc que voilà, ajouta Mouchette, mais tu ne toucheras pas à ma belle espagnole. Tu n'y toucheras pas, Nicolas.

— Je ne demande pas mieux que de la ficeler sans y toucher, répondit la Cigale.

— La ficeler ?

— Elle et son compagnon.

— Ah bien ! pour ça, c'est autre chose. Je n'ai pas le droit de t'empêcher de prendre tes précautions.

— Tu vas m'aider ?

— Comme un cordier.

— Allons-y gaiement !

La créole et son majordome, celui-ci à moitié assommé, l'autre à demi étranglée, n'avaient pas encore repris connaissance.

Mouchette, le diablotin, et la Cigale, le débardeur orange, se mirent en devoir de les *ficeler*, ainsi que ce dernier l'avait annoncé avec tant d'élégance.

Ils apportèrent à l'accomplissement de cet acte important la conscience indispensable à toute action bonne et utile.

Du reste, le colosse, avec sa dextérité d'ancien marin, apprêta les cordes, garrotta la maîtresse et le serviteur, et se tournant vers Mouchette, qui se contentait de le voir travailler :

— Maintenant, petit, reprit-il, tu vas leur envelopper la tête avec leurs mouchoirs de poche.

— Inutile ! ils n'ont pas repris connaissance.

— Va toujours !

Mouchette dévalisa la poche du pierrot, et en tirant un tissu de la plus grande finesse :

— Plus qu'ça de batiste, mon amiral ! faudrait voir à vous laisser entortiller là-dedans, sans secousse et sans asphyxie.

La Cigale attachait de son côté le mouchoir de Marcos Praya autour de son cou, après le lui avoir préalablement fait passer par-dessus le sommet de la tête.

Les deux adversaires des *Invisibles* une fois mis hors de combat et dans l'impossibilité de voir ou de se faire entendre, le géant dit au gamin :

— Rangeons-les, maintenant.

— Mais il me semble, repartit l'autre, que nous venons de les *astiquer* proprement.

— Tu ne me comprends pas, petiot.

— Bah! c'est donc que tu ne te comprends pas toi-même, nononcle !

— Assez causé ! le temps presse ! prends l'homme par les pieds.

Mouchette obéit ; la Cigale le souleva en le prenant par les épaules.

— Où allons-nous? demanda le gamin en riant, au canal ?

— Non, pas si loin ; là, tiens !

Et du pied la Cigale lui montra une excavation qui occupait le milieu du couloir.

— Ah! le joli trou. On l'a volé à une carrière d'Amérique.

La Cigale et Mouchette se dirigèrent vers l'excavation et y déposèrent le corps, toujours inerte, de Marcos-Praya.

Deux minutes après, la comtesse y était déposée avec tout le respect dû à son rang et à son sexe.

Cela fait, le colosse poussa un soupir de satisfaction.

— V'la de la bonne besogne! hein? dit le diablotin.

— Dame! il ne faut pas se plaindre! répliqua en riant à sa manière le débardeur orange; ils auraient pu y mettre moins de bonne volonté.

— Quand je vous dis que m'sieu Benjamin est la perle des gentils garçons! répliqua le gamin. Ça y est, ça y est, quoi? S'ils continuent à gêner le patron et à le moucharder, faudra convenir qu'ils ont des doubles plus malins qu'eux...

— Et que nous.

— Et que vous, oui, continua-t-il. Mais les voilà casés, et bien casés. Que nous reste-t-il à *tortiller?*

— A toi, rien.

— Comment, rien.

— Je ne te retiens plus, mon petit Moumouche. Merci du coup de main. On te revaudra çà, mais...

— Mais, je peux me *la casser,* pas vrai?

— Et te livrer aux joies innocentes de ton âge. Bonsoir.

— Bonsoir, à c't'heure-ci?

— Bonjour, si tu veux, pourvu que tu me *lâches*.

Mouchette fit une cabriole, se releva sur les mains, et après un saut périlleux que le plus habile clown du cirque Franconi lui eût envié, il se retrouva sur ses pieds.

Qu'on se représente l'étroit espace dans lequel ce tour de force gymnastique fut exécuté, et l'on comprendra de quelle agilité et de quelle adresse était doué le corps du fils de la Pacline.

La Cigale, ne comprenant rien à ses évolutions, lui demanda :

— T'es piqué? t'as été mordu?

— Ni piqué, ni mordu, répondit le diablotin en prenant sa pose la plus digne, je suis blessé.

— Blessé, s'écria le colosse avec une vivacité qui témoignait de sa sollicitude pour l'enfant. Blessé! où ça? dans quoi?

— Dans mon amour-propre.

— Sacré môme! Il m'a fait une peur! Et qu'est-ce qui a osé manquer à M. de la Mouche?

— Sa Seigneurie, Son Excellence, Son Altesse La Cigale!

— Moi! Je ne m'occupe plus de toi, gamin!

— C'est justement ça qui m'offusque.

— Parce que?

— Parce que tu me *lâches d'un cran*, et que je ne veux pas être balancé sans mon consentement.

— Donne-le et va-t'en.

— *Nisco,* nononcle! On s'amuse trop dans ta

société. Je m'incruste dans ton gracieux coffre.

— Ah! mais non!

— Ah! mais si!

— Mais, momillard, tu oublies donc ce que tu m'as dit ce matin chez la mère Pacline.

— Ce matin, j'avais une idée, maintenant il m'en est poussé une autre. Je ne vois pas de mal à la chose.

— Pas de mal! pas de mal! grommela le colosse; je ne peux pourtant pas te garder accroché à mes guêtres!

— Qui s'en plaindrait? Cigale, mon petit Cigale!... fit le gamin avec des câlineries d'enfant de quatre ans.

Le géant ne savait pas résister à ces grimaces-là.

— Oui, oui, je te vois venir, mais ce n'est pas possible.

— Vrai, ce n'est pas possible? continua Mouchette en changeant de tonalité.

— Vrai!

— Eh bien! je m'en moque comme de ça.

Et il envoya de la poudre à perruque.

— Ah! mais...

— Il n'y a pas de ah! il n'y a pas de mais! Vous le savez, mon bel oncle, que ça vous plaise ou que ça ne vous plaise pas, je resterai près de vous.

— Malgré moi.

— Malgré vous. Ma tête n'est pas une tête de carton-pierre. Je n'en ferai jamais qu'à ma tête.

— Oui-dà ! riposta sourdement le débardeur orange.

Et il se rapprocha du diablotin.

Mais avant qu'il eût étendu le bras pour le saisir, celui-ci avait bondi à dix pas en arrière, et s'écriait :

— Jouons-nous à ce jeu-là, Cigale, ma vieille ?

Le géant réfléchit qu'il perdrait son temps à poursuivre l'enfant, qui était agile comme un écureuil ; il préféra entrer en négociations.

— Ici, Mouche ! s'écria-t-il.

— Pas de coup de chien, au moins ? demanda Mouchette, l'œil au guet dans les ténèbres.

— T'ai-je jamais menti ?

— Non.

— Est-ce que je t'ai jamais trompé ?

— Non plus.

— Alors ? dit la Cigale en lui tendant sa large main.

— Voilà, s'écria le gamin ; et, prenant son élan, d'un bond de chat, il sauta au cou du colosse et se trouva assis sur la paume de ladite main.

— Satané moucheron ! fit ce dernier, en ne pouvant s'empêcher de serrer contre sa poitrine le frêle avorton qu'il sentait lui être plus attaché de jour en jour.

En dehors de leurs communs intérêts, qui commençaient à s'enchevêtrer les uns dans les autres, ils éprouvaient tous deux une sympathie réciproque.

La faiblesse intelligente de l'enfant séduisait la force brute de l'homme.

A eux deux ils réalisaient un assemblage curieux, un tout.

Mouchette cerveau et la Cigale poignet faisaient le plus redoutable champion.

Toute cause qui se les attachait avait grandes chances de victoire.

— Voyons! dit le colosse. Tu es bien décidé?

— A tout... c'est du cœur, répondit le diablotin, qui s'amusait de se voir bercer dans les bras de son protecteur et ami.

— Réfléchis. Il en est temps encore.

— C'est tout réfléchi.

— Une fois lancé, il n'y aura plus *mèche*, faudra marcher en avant.

— On courra... à quatre pattes, si c'est nécessaire.

— Plus moyen de reculer.

— Reculer!... Aïe donc! la *bonne blague!*

Et Mouchette se mit à gigotter de telle sorte, que le débardeur orange, malgré toute sa force, se vit obligé de le déposer par terre.

— Après tout, dit-il, ça te regarde, mômillard.

— Un peu, mon neveu... non... mon oncle!

— Seulement, la fête sera complète...

— Y aura-t-il de la musique? demanda le diablotin.

— Une fière musique et une rude danse. Il ne s'agira que de décider une seule chose.

— Laquelle?

— Savoir qui payera les clarinettes.

— Je n'ai pas de monnaie sur moi, ricana le gamin avec une de ses grimaces les plus sardoniques.

— Méfie-toi tout de même.

— C'est bon! c'est bon! on ne me mangera pas.

— Ah! dame! je ne réponds pas de la casse, fit la Cigale d'un air soucieux.

— Bast! répondit le diablotin, si on veut m'avaler tout cru, je me mettrai en travers; ne t'inquiète pas, mon oncle, je me tirerai d'affaire comme un mâle.

— Tu le veux?

— Oui!

— Ça t'amuse de risquer ta peau à ce jeu-là?

— La peau, les os et le reste.

— Viens donc, et souviens-toi qu'en cas de besoin, tu n'as qu'à m'appeler. Si j'ai mes jambes, j'arriverai.

— Ce n'est pas de refus, mon oncle, dit Mouchette en riant, et à *jambes* de revanche.

Après avoir jeté un dernier coup d'œil sur la créole et sur le métis, qui naturellement ne bougeaient ni plus ni moins que deux souches, la Cigale et Mouchette quittèrent l'allée sombre et étroite où ils avaient dressé leur embuscade.

Peu d'instants après, la Cigale et Mouchette étaient rentrés dans l'hôtel de l'Espagnol et ils rejoignaient les quatre autres débardeurs dans le salon où nous avons laissé le débardeur noir, le lilas et le bleu.

Le ponceau y était déjà revenu, de son côté.

Seulement, à leur arrivée, ces quatre personnages achevaient de mettre bas leurs costumes, et de revêtir des vêtements bourgeois dans les poches desquels se dissimulaient mal des crosses de pistolets et des manches de poignards.

La comtesse de Casa-Real ne s'était pas trompée.

Le comte de Warrens se trouvait, en effet, parmi eux.

Les quatre autres étaient : sir Harry Mortimer, Martial Renaud, San-Lucar et la Cigale.

Inutile d'ajouter que, grâce à de rapides substitutions et à d'adroits changements de costumes, les cinq débardeurs avaient réussi à dépister la jalouse curiosité de la créole.

Dès qu'il aperçut son fidèle, le comte de Warrens lui enjoignit de les imiter.

La Cigale quitta son costume et s'habilla en ouvrier.

Mais en faisant les mouvements nécessaires à une pareille opération, la Cigale démasqua le fils de la Pacline, qui se tenait timidement dans son ombre.

— Qu'est-ce que cela ? firent deux ou trois des Invisibles.

— Ça... mais... mais... répondit le géant se remettant à bégayer selon son immuable habitude,— toutes les fois qu'il se trouvait en présence de son capitaine, mais... c'est... c'est.. Mou... mouchette, ajouta le diablotin de sa voix la plus claire... Mouchette.

San-Lucar et Mortimer adressèrent un geste d'interrogation à leur chef.

Le comte de Warrens s'approcha du gamin, et lui posant la main sur la tête.

— Enfant, tu sais à quoi tu t'exposes, n'est-ce pas?

— Deux et deux font quatre! répondit Mouchette.

— Tu as déjà été autorisé par un des nôtres à suivre la Cigale, dans son aventure de la maison qui se trouve en face de celle-ci.

— Par monsieur, fit le diablotin en désignant le colonel Renaud, qu'il venait de reconnaître à quelques mots prononcés par lui à voix basse.

— Petit diable! murmura Martial Renaud, je réponds de lui.

— Et moi aussi, ajouta vivement la Cigale.

— Et moi itou, répéta Mouchette.

— Qu'il soit donc fait selon votre confiance, mes amis, dit le comte. Cet enfant nous accompagnera.

— Il nous a déjà servi dans le cabaret du *Lapin courageux*, répondit le colonel. Il nous sera utile encore, j'en suis sûr.

— Si nous pouvons compter sur lui, tant mieux pour lui et pour sa mère.

— Tiens, vous connaissez, m'man Pacline, *mon capitaine!* s'écria Mouchette, évidemment flatté, et tenant à montrer que, de son côté à lui, il en savait plus qu'il n'en avait l'air.

— Allons! allons! fit le comte de Warrens en riant, dans cinq minutes il va me tutoyer. Je me charge de lui.

— A la bonne heure, m'sieu Passe-Partout!

— Voyez-vous, messieurs?

— A la bonne heure, répéta Mouchette, qui, tout en parlant, se débarrassait de ses cornes et de son attirail diabolique pour ne pas mettre ses nouveaux amis en retard, j'ai un jeune Auvergnat de mes amis, un porteur d'eau, qui marche toujours avec son petit proverbe dans sa poche.

— Et ce proverbe?

— Faites-en votre profit, mon *dab...* pardon... mon capitaine...

— Quel est-il? demanda le comte, qui regardait fréquemment l'heure tout en écoutant le verbiage de Mouchette.

— Le v'là : Là *ousque* le lion reste, la souris passe.

— C'est bien, méchant petit rongeur, on te donnera à travailler; apprête tes dents.

— Oh! j'en ai, tenez, voyez, c'est des crocs qui ne demandent rien à personne, ça.

Et Mouchette, en tenue de campagne, ouvrit un râtelier semblable à celui d'un terre-neuve de six ans.

Mais l'heure avait sonné, et le comte de Warrens, après avoir imposé silence à l'expansion joyeuse du gamin, se tourna vers ses compagnons d'aventures et leur dit :

— A l'œuvre ! messieurs.

Chacun se tut.

Mouchette lui-même s'arrêta dans son élan, ouvrant de grands yeux pour deviner ce qui allait se passer.

Pendant qu'il cherchait à concentrer tout ce qu'il possédait de facultés intellectuelles dans son regard, une main saisit la sienne et y mit un couteau catalan.

— Bon ! pensa le *voyou* de Paris en le plaçant dans une de ses poches à côté de son revolver, me v'là lesté. Vogue la galère !

— Ça peut servir ! murmura la voix de la Cigale à son oreille.

— A l'Opéra-Comique ! oui ! répondit sur le même ton le nouvel adepte de la Société des Invisibles, pour jouer les *Fra-Diavolo*. On frappe les trois coups. Attention ! Au rideau !

XVI

Un mur mitoyen

Le comte de Warrens avait dit :
— A l'œuvre !

Puis il s'était approché d'un des angles de la boiserie du salon, et il avait écouté, l'oreille collée contre la muraille.

Au bout d'une courte attente, il se redressa le sourire aux lèvres.

Ce qui prouvait que, malgré les renseignements donnés par le débardeur noir à la comtesse de Casa-Real, le chef des Invisibles n'était pas un étranger dans la demeure du riche Espagnol en question, ou que du moins il avait des affidés sûrs.

Sans parler du signal qu'on venait de lui donner et qui avait amené un sourire de contentement sur ses lèvres, depuis plus d'une demi-heure que lui et ses compagnons s'étaient introduits dans l'hôtel, nul des nombreux invités masqués ou non masqués, circulant dans les salons voisins, ne s'était avisé de pénétrer dans le leur.

De sorte que cette vaste pièce, ouverte de tous les côtés, était demeurée aussi inviolable que si on l'eût verrouillée, cadenassée et entourée d'un cordon de sentinelles vigilantes.

Son expérience finie, le comte de Warrens revint prendre, sur le sofa la place qu'il occupait précédemment.

— Messieurs, fit-il aussi tranquillement que s'il se fût trouvé à l'hôtel de Warrens, dans le kiosque où il avait si bien déjoué l'espionnage de maître Coquillard-Charbonneau, messieurs, veuillez, je vous prie, me prêter toute votre attention.

San-Lucar, Mortimer, Martial Renaud et la Cigale se rapprochèrent de lui.

Mouchette daigna lui-même se placer de manière à ne pas perdre un mot de ce qui allait se dire.

— Avant d'agir, je tiens à vous donner quelques explications indispensables à la réussite du projet pour lequel je vous ai réunis céans.

— Quel style ! murmura le gamin.

Le comte continua :

— Obéissant à nos instructions, à nos ordres,

vous vous êtes trouvés, à l'heure convenue, au cabaret du *Lapin courageux*, bien qu'à juste titre le lieu dût vous sembler assez mal choisi pour une réunion des principaux membres de notre association.

Aucun des Invisibles ne se permit un geste, mais à leur sourire le comte de Warrens vit qu'il avait touché juste.

— Mon Dieu, messieurs, reprit-il, nul d'entre vous n'a le droit de discuter les ordres du grand-maître, je le sais, mais chacun de vous est libre dans son for intérieur de les apprécier en bien ou en mal, et je tiens trop à votre opinion pour ne pas chercher à vous prouver que, tout singulier qu'il paraisse de prime-abord, ce lieu de rendez-vous était le seul qu'il fût possible de choisir et de vous assigner.

— A quoi bon ces explications? Nous avons en vous la confiance la plus absolue, mon cher Passe-Partout, dit San-Lucar.

— Nos chefs n'agissent jamais sans avoir pesé longuement le pour ou le contre de chacune de leurs démarches, ajouta Mortimer, nous savons cela.

— Ces messieurs ont raison, fit Martial Renaud à son tour, nous sommes ici pour obéir et non pour discuter.

— Vous m'écouterez, amis, c'est au nom et dans l'intérêt de l'œuvre que je parle.

Les quatre Invisibles ne crurent pas devoir insister plus longtemps; ils s'inclinèrent courtoisement en signe d'obéissance.

Mouchette jugea devoir les imiter.

Il avait deux raisons pour cela : la première, qu'il était bien aise de se mettre, par cette courtoisie, au niveau de ses quatre nouveaux compagnons; la seconde, que, n'ayant pas compris un traître mot à tout ce qui venait de se passer et de se dire devant lui, il espérait fortement saisir un biais, un jour, un trou, par lequel il se faufilerait dans la situation.

C'était une fine mouche que notre gamin de Paris, et puisqu'il se dévouait corps et âme à une cause ou à un individu quelconque, il tenait essentiellement à savoir ce que pouvait être ce quelque chose ou ce quelqu'un.

— Vous le savez, reprit le comte de Warrens, nous nous occupons de l'affaire de Belleville. C'est donc à Belleville même que nous nous rendons. Aujourd'hui, dimanche gras, tout Paris est en liesse. Riches et pauvres dansent, boivent ou festoient. On dort à peine. Tout le monde court les rues, les guinguettes et les bals publics ou privés. Impossible de circuler sans tomber sur un indiscret badaud ou sur un curieux patenté. Essayer de traverser la foule sans attirer tous les regards sur nous, serait folie. Nous venons de nous tirer les braies nettes d'un guêpier, d'une souricière assez vigoureusement tendus. Il est inutile de courir une seconde fois le même danger.

— Il parle bien ! pensait Mouchette, mais j'en dirais autant ! Ousqu'il veut arriver ! voyons donc çà !

— On nous a littéralement cernés et mis en état de siége, continua le chef des Invisibles ; mais que cela ne vous inquiète pas. Mes précautions sont prises, et sans l'arrivée, sans la présence de Mme de Casa-Real dans le cabaret du *Lapin courageux*, depuis une heure déjà nous serions à Belleville, en dépit de la surveillance de tous les séides de M. Jules.

Martial Renaud fit signe qu'il ne comprenait plus du tout.

San-Lucar et Mortimer s'entre-regardèrent, stupéfaits.

La Cigale, fier de son capitaine, humait chacune de ses paroles et considérait d'un air de profonde pitié ces hommes qui, tout en se mettant pieds et poings liés à sa disposition, n'acceptaient pas à cervelle close la plus incroyable, la plus incompréhensible des assertions.

Mouchette se grattait le bout du nez, geste qui chez lui signifiait en lettres majuscules :

— Je jette ma langue aux chiens.

Le comte continua :

— Je m'explique, messieurs, et surtout ne vous impatientez pas si mes renseignements vous paraissent tant soit peu cousus de longueurs. Il est de toute nécessité que nulle trace ne reste de notre expédition nocturne ; j'ai besoin de votre aide pratique et de votre concours le plus intelligent.

— Allez-y gaiement! ne put s'empêcher de grommeler Mouchette.

La Cigale lui allongea une pichenette qui le fit tomber à genoux.

Il se releva, brossa son pantalon, et salua en disant :

— Bon! c'est bien fait pour moi. Je n'ai que ce que je mérite.

Ce petit incident, rapide comme l'éclair, une fois vidé, M. de Warrens ajouta :

— A coup sûr, demain, des recherches seront minutieusement faites dans le cabaret, dans le restaurant, et dans les lieux y attenant. Nous les dépisterons toutes. Pour cela, il n'existe que trois moyens : traverser les airs comme les oiseaux.

— *Ousqu'est* mon ballon? murmura l'incorrigible gamin.

— Fendre l'eau comme les poissons, continua le comte.

— Des nageoires à la glace! Merci, pensa Mouchette.

— Ou cheminer sous terre.

— A l'instar des taupes de *Lyon* murmura l'enfant.

— C'est le troisième moyen que j'ai choisi, messieurs. Notre voyage s'effectuera sous terre ; il se terminera dans la cour même de la maison de Belleville où nous voulons nous rendre.

— S'il compte sur mes crocs pour creuser cette taupinière-là, fit Mouchette à l'oreille de la Cigale.

— Chut! répondit l'autre, qui allongea une seconde pichenette, sœur majuscule de la première.

Mais cette fois, l'embryon était sur ses gardes.

Il l'évita et se remit à écouter de plus belle, avec son plus magnifique sang-froid et son air le plus innocent.

— Mais ce voyage où commencera-t-il? demanda San-Lucar.

— Dans la cour du restaurant que nous venons de quitter.

— Dans la cour du *Lapin courageux?*

— Précisément. Je vous étonne, messieurs, et vous vous demandez si ma proposition n'est pas une fanfaronnade ou une illusion. La chose est simple pourtant.

— Simple! s'écria le colonel Renaud en hochant la tête avec incrédulité, malgré toute sa foi en son frère.

— Avez-vous entendu dire que jadis il y avait un ruisseau descendant de Ménilmontant dans Paris?

— Oui, répondit Mouchette. Connu! connu!

On rit, mais il n'y eut pas d'écho à l'affirmation émanée du gamin.

— Ce ruisseau, ajouta le chef des Invisibles, fut voûté, puis changé en égout par l'édilité parisienne. Eh bien! ce ruisseau existe toujours.

— Après? interrogea Martial Renaud.

— A force de recherches, d'or et de temps, vos chefs ont découvert que ce ruisseau-égout aboutissait dans la cour même du père Tournesol d'un côté, et que de l'autre il donnait dans un enclos faisant partie de la maison de Belleville.

— Quelle chance! grommela Mouchette.

— La découverte providentielle que nos ingénieurs ont faite ne laisse pas d'être étrange par elle-même, mais ce qui vous paraîtra plus étrange encore, c'est l'ignorance complète de ces deux issues dans laquelle se trouvent les propriétaires des deux demeures susdites. Cette ignorance est notre plus belle chance de sécurité. Nous pouvons donc cheminer à loisir, aller, venir, circuler à notre aise sous cette voie souterraine, sans crainte des argousins de M. Jules ni des serviteurs dévoués de la comtesse de Casa-Real.

— Pauvre m'sieu Benjamin! pensa Mouchette, le v'là sur le même banc que le *meg de la rousse*.

— Ainsi, fit Martial Renaud, il nous va falloir rentrer dans ce bouge surveillé de toutes parts?

— En effet.

— Cela me semble difficile.

— Si ce n'est que difficile, repartit en riant le comte, c'est facile. J'attends des renseignements. Nous ne nous mettrons en route qu'à bon escient.

— Est-ce machiné, tout ça? est-ce réglé? ne put s'empêcher de s'écrier le gamin dans un transport d'enthousiasme artistique.

—Veux-tu te taire, sacrr....! gronda le colosse...

Mais au moment où il allait continuer vigoureusement et manuellement son objurgation, son œil rencontra l'œil du comte de Warrens, et il se mit à bégayer de la langue et de la main.

— Laisse cet enfant, et réponds-moi.

— Oui... oui, cap... cap... taine.

— Mes ordres ?

— Exécutés.

— La comtesse et le métis ?

— Et le quoi ? demanda le géant tout troublé et ne comprenant pas le dernier adjectif.

— Le mal noirci ! répliqua vivement Mouchette, qui, faisant les demandes et les réponses, ajouta : Le monsieur et la madame, le pierrot et le domino noir s'étaient plantés en embuscade dans l'allée d'en face.

— Alors ?

— Alors, nous les avons ficelés, bâillonnés, aveuglés et couchés le plus douillettement possible dans une petite grotte qui se trouvait là tout exprès pour leur servir d'alcôve.

— Ils ont résisté ?

— Un peu... mais mon oncle... pardon... mais mon débardeur orange que voici leur a légèrement caressé l'occiput et le larynx. Ils ont compris et ils ont mis une sourdine à leur mauvaise volonté.

— Bien ; rien de plus ? demanda le comte en se tournant vers le géant.

Celui-ci avait retrouvé assez de fermeté pour répondre :

—Vous ne m'avez rien ordonné de plus, capitaine.

— T'est-tu muni des objets que je t'ai recommandé de porter avec toi?

— Les voulez-vous? je les ai.

— Plus tard! plus tard!

Ici, un signal imperceptible pour tout autre que le chef des Invisibles fut donné de l'autre côté de la porte.

Le comte fit un geste.

A ce geste, tous les assistants se masquèrent à l'aide de leurs loups de velours.

Mouchette, qui ne possédait pas de masque, se cacha derrière la jambe droite de la Cigale.

Le comte de Warrens s'approcha de la porte et dit :

— *Nada?* — Rien.

La tapisserie se souleva.

Un domino rouge parut, s'arrêta sur le seuil et salua l'assemblée.

Sur un signe du chef des Invisibles, il fit quelques pas et se trouva au milieu du salon, à portée de son bras.

— ¿ *Que hay de nuevo?* —Qu'il y a-t-il de nouveau? demanda le comte.

Le domino rouge répondit en espagnol :

— Tout est calme. La police vient de se retirer, fatiguée de ses recherches infructueuses. Plus de groupes ni d'attroupements dans les rues de Malte et d'Angoulême-du-Temple. Le cabaretier, convaincu qu'on en veut à ses jours, vient d'abandonner sa maison, après avoir tout fermé chez lui à double tour. Plus personne, pas même un garçon dans le cabaret ni dans le restaurant. Ils se sont tous enfuis du *Lapin courageux* comme d'une demeure maudite.

Le chef des Invisibles regarda ses subordonnés avec un air de satisfaction peu déguisé.

— Ainsi, messieurs, nous sommes maîtres de la place.

— De la cave au grenier?

— Nous pouvons agir?

— Quand il vous plaira, répliqua le domino rouge.

— Veillez toujours, et que personne ne quitte son poste.

— Nul ne bougera.

— En cas d'alerte...

— Le signal convenu sera donné.

— Allez, fit le comte.

— C'est tout, maître?

— Oui, tout.

Le domino rouge sortit, lent et impassible, comme il était venu.

— Brrr! grommela Mouchette à part lui, voilà un homard dont je ne voudrais pas même pour me faire la barbe dans dix ans! Quelle gaieté dans l'organe!

Le comte reprit :

— Maintenant, messieurs, nous pouvons nous mettre à la besogne. Je suis à votre disposition. Êtes-vous à mes ordres ?

— Oui ! lui fut-il répondu d'une commune voix.

Sans perdre plus de temps ni de paroles, le chef des Invisibles s'approcha du ressort que nous avons déjà vu jouer, il le poussa, et il rentra le premier par la trappe levée, dans l'établissement abandonné de Tournesol le Provençal.

Ils le suivirent tous.

La trappe se referma.

Les six hommes se trouvaient dans une obscurité complète.

— Démasquez la lanterne, dit le comte de Warrens.

— Voilà, fit la Cigale en lui présentant une lanterne sourde.

Son chef la prit et la promena quelques instants autour de lui.

Un silence de mort régnait dans l'antre du *Lapin courageux*, deux heures auparavant si bruyant, si animé, si joyeusement brutal.

— Venez, dit-il.

Ils descendirent, et peu après ils arrivèrent dans la cour de la maison Tournesol.

Cette cour était petite, mal éclairée, et encombrée de futailles vides, de tonneaux découverts, empilés les uns sur les autres et alignés le long du mur.

Le temps avait changé subitement.

Il tombait une petite pluie fine et glaciale.

Pas une étoile ne perçait le voile sombre qui masquait le ciel.

Dans un des angles de la cour, il y avait un puits.

Ce puits, ainsi que cela se rencontre dans la plupart des maisons de Paris, était commun avec la maison voisine.

Cette communauté aurait pu fortement gêner nos aventuriers, mais voyez comme les choses tournent bien quand on sait s'y prendre, la maison voisine se trouvait être justement celle du soi-disant Espagnol millionnaire qui venait de leur offrir une si complaisante hospitalité.

Or, selon toute vraisemblance, les mesures avaient été prises pour que nul indiscret ne s'approchât de la margelle de ce puits, tant que l'expédition dirigée par le comte de Warrens n'aurait pas été menée à bonne fin.

Le terrain est cher dans la capitale du monde civilisé.

D'ordinaire, on l'économise le plus possible de nos jours.

Pourtant, ce puits était large, commode, et construit ainsi qu'on avait l'habitude de construire dans le courant du dix-huitième siècle.

Séparé en deux parties égales par un mur en pierre de Paris, qui descendait jusqu'à six mètres de profondeur, il ne rencontrait l'eau qu'à trente-cinq mètres au-dessous du sol.

Ce fut vers l'angle de la cour contenant l'orifice du puits que les cinq hommes et le gamin se dirigèrent dans le plus profond silence.

Quand il les vit tous réunis autour de cet orifice, Passe-Partout, ou plutôt le comte de Warrens, qui semblait agir en pleine certitude de cause, fit un signe à la Cigale.

Le colosse, sans demander de plus amples explications, saisit à deux mains la double chaîne, sauta sur le rebord, et de là se lança dans le vide, avec le calme d'un enfant jouant à saute-mouton ou au cheval-fondu.

Mouchette fit un mouvement d'effroi.

Les quatre Invisibles ne se penchèrent même pas vers l'ouverture béante par laquelle leur gigantesque compagnon venait de disparaître.

Cinq minutes s'écoulèrent.

Mouchette eut le temps de répéter quatre fois, en faveur de son ami la Cigale, la seule moitié de prière qu'il possédât dans son répertoire religieux.

L'enfant avait du bon.

Le temps lui parut moins long.

Passe-Partout, Mortimer, San Lucar et Martial Renaud écoutaient, l'oreille au vent.

Rien !

Aucun bruit n'arrivait jusqu'à eux.

Seul, le mouvement, la rotation de la double

chaîne leur indiquait que la pénible descente effectuée par la Cigale ne tirait pas à sa fin.

Au bout de la huitième minute, Mouchette n'y tint plus ; il pencha la tête vers le point central de l'orifice, cherchant, mais vainement à sonder les ténèbres épaisses.

Il comprit alors l'immobilité de ses quatre compagnons.

Il comprit que ces hommes ne jetaient pas même une parcelle de leurs forces au vent du hasard.

Lui, l'avorton, il ne pouvait maîtriser son impatience.

Eux, les athlètes, qui savaient la lutte prochaine, ils se recueillaient jusqu'au moment de l'action.

N'entendant, ne voyant rien que le mouvement continu de la double chaîne, il les imita, il se retira, se promettant de régler désormais sa tenue sur la leur.

Enfin, le bruit produit par le frottement de la chaîne contre la pierre cessa.

Mouchette se dit :

— Ouf! il est en bas.

Il le dit un peu haut et ne fut pas peu étonné en voyant un sourire se dessiner sur les lèvres de Passe-Partout.

Mais ce sourire lui parut moins difficile à comprendre dès qu'il vit apparaître deux mains et une tête à l'orifice du puits.

Ces mains et cette tête appartenaient à son intéressant ami, la Cigale.

Le géant venait de mettre les morceaux doubles.

Il était descendu au fond du gouffre, et il en était remonté, sans se reposer, sans détendre la double chaîne.

Un singe eût mis plus de temps que ce mastodonte à réaliser, à exécuter ce tour de force.

— Bon! il est en haut! s'écria Mouchette, en poussant un soupir de soulagement, c'est plus fort que chez Comte!

On aida la Cigale à sortir du puits.

— Ça y est, capitaine, dit-il laconiquement.

— Tu as trouvé? demanda Passe-Partout.

— Tout.

— Sans difficulté?

— Oui.

— A quelle distance du sol?

— Vingt-cinq mètres à peu près.

— Au moins ou au plus?

— Au moins.

— Si bas!

— Dame, oui!

— Diantre! se dit à part lui le chef des Invisibles, ce sera plus difficile que je ne le pensais.

Et il ajouta tout haut, pour cacher l'inquiétude qui commençait à le mordre au cœur :

— Tu as observé l'ouverture?

— Il le fallait bien, répondit la Cigale. J'étais descendu pour ça.

— Sa largeur?

— Deux hommes peuvent passer de front, sans se gêner... deux hommes comme moi.

Cela rassura un peu Passe-Partout.

Deux hommes comme le bon la Cigale tenaient hardiment la place de trois autres.

— As-tu pu tenir debout dans l'intérieur? reprit-il.

— Facilement, mon capitaine.

— Avec quelles matières avait-on bouché ce puits?

— Avec des moellons.

— En as-tu déplacé quelques-uns dans ta descente?

Le géant sourit avec fierté.

— Pas un.

— Il n'en est pas tombé un seul au fond?

La Cigale répéta;

— Pas un seul; tous ils ont été rejetés à l'intérieur.

— Bien. Quelle est la nature du sol!

— Sol primitif; tantôt vase marneuse, tantôt sable fin.

— Y a-t-il beaucoup d'eau? demanda Passe-Partout.

— Quatre pouces de profondeur sur vingt-cinq ou trente de large à peu près.

— Quand tu es revenu, t'a-t-il été difficile de retrouver l'ouverture?

— Ma foi non.

— Explique-moi cela.

— On avait laissé exprès des jours pour l'écoulement de l'eau dans le puits. L'eau y tombe en glissant le long de la muraille.

— Quelle est la direction de la voûte ?

— Elle traverse la maison, fit le colosse.

— Celle-ci ou la voisine ?

— Celle du *Lapin courageux,* puis elle fait un coude brusque et se détourne en s'inclinant du côté de la rue de Malte.

— Tu as laissé de la lumière en bas ?

— Oui, capitaine.

— Merci, matelot.

Quand son capitaine l'appelait : *matelot,* le géant ne se connaissait plus de joie.

Il se retourna pour cacher son émotion et il embrassa Mouchette, qui se tenait le nez au vent, écoutant tout ce qui se disait, ainsi que le faisaient les trois autres compagnons de Passe-Partout.

Le gamin s'essuya la joue et ricana un :

— C'est cinq francs !

Qui les eût tous fait éclater de rire en d'autres circonstances.

Mais le moment était suprême, solennel.

Chacun des hardis aventuriers sentait qu'il allait risquer sa vie, plus que sa vie, le salut de l'association, et chacun d'eux prêtait la plus vive attention à l'entretien de leur chef et de la Cigale.

Passe-Partout ayant appris tout ce qu'il désirait savoir, se tourna vers eux et leur dit :

— Messieurs, nous nous connaissons. Nous pouvons compter les uns sur les autres ; vous êtes tous des hommes d'un bravoure éprouvée, d'une résolution inébranlable. Vous ne vous froisserez donc pas des paroles que je vais vous adresser.

Mouchette fit craquer les phalanges de ses doigts en se demandant quelle pouvait être la cause de ces précautions oratoires.

Passe-Partout continua :

— L'expédition que nous tentons est une des plus audacieuses qu'on ait jamais tentées. Il y a danger certain, il y a mort possible. La route qu'il nous faut suivre, abandonnée depuis un siècle, se trouve hérissée d'obstacles, peut-être insurmontables.

— Bigre ! fit le gamin.

— Nous ne savons ni ce qui nous attend, ni quelles situations désespérées nous menacent, dans les bas-fonds de ce gouffre béant ouvert sous nos pas.

— Eh bien ? fit le colonel Renaud.

— Je vous le répète, messieurs, et que nul d'entre vous ne prenne ceci en mauvaise part, ceux qui ne se sentiront pas disposés à pousser plus loin l'aventure sont libres de se retirer.

— Hein ? quoi ? s'écria la Cigale.

— Ouiche ! ricana Mouchette.

Passe-Partout continua froidement :

— Ils n'encourront aucun blâme, soit de ma

part, soit de leurs frères, soit de notre chef suprême.

Les quatre hommes et l'enfant qui écoutaient Passe-Partout se consultèrent du regard.

Un clin d'œil suffit.

Martial Renaud s'effaça derrière ses compagnons.

Son affection fraternelle pour Passe-Partout le mettait hors de cause.

Ce n'était pas pour lui que ce dernier pouvait avoir parlé.

Il se contenta d'observer les autres et de les laisser répondre à cette mise en demeure de bravoure insensée et de témérité désespérée.

Sir Harry Mortimer prit la parole au nom de ses compagnons :

— Pardon, mon cher Passe-Partout, dit-il avec la plus nonchalante simplicité, pardon ; mais en supposant que nous refusions de plonger dans ce trou béant — pure hypothèse, car nul de nous n'a la moindre envie de vous adresser ce refus — en supposant que nous refusions, que feriez-vous ?

— Moi ? demanda Passe-Partout.

— Vous-même ?

— J'irais seul.

— Bien. Et pourquoi iriez-vous seul ?

— Parce que mon serment m'y oblige.

— Parfait ! mais, mon ami, si votre serment vous oblige à courir un danger, que vous prétendez pouvoir devenir mortel, pourquoi notre honneur nous permettra-t-il de vous abandonner lâchement dans une circonstance aussi critique ?

— Touché ! cria Mouchette.

— Vous avez raison, repartit le chef des Invisibles. J'ai voulu éprouver une dernière fois votre amitié. J'en reconnais la force et je me rends.

— Et allllez donc ! trompeta triomphalement le gamin en frappant sur le ventre du géant, qui se tenait prêt à écraser de son mépris tout récalcitrant.

Celui-ci ne s'aperçut pas plus de cette familiarité que si une mouche l'avait effleuré de son aile.

La résolution de marcher en avant, ou pour mieux dire de descendre dans le gouffre, bien prise, Passe-Partout recommanda à la Cigale de ne rien oublier de ce qu'il lui avait ordonné.

— Soyez calme, capitaine, tout est paré, répondit le géant.

— Je descendrai le premier, dit Passe-Partout.

— Ah ! mais non ! s'écria le matelot.

— Tais-toi, je le veux. J'irai le premier, Mortimer me suivra, San Lucar et Martial viendront ensuite.

— Eh bien ! et moi ? demanda le gamin en prenant sa voix la plus mâle.

— Tu fermeras la marche.

— A la bonne heure.

— Avec la Cigale.

— Oh ! je me passerai bien de môôôssieur !

— Silence ! fit le géant. T'es bête, petiot.

Le comte de Warrens monta sur la margelle ; il en saisit le rebord, et au moment de se laisser glisser, il dit :

— Compagnons, l'agitation, le balancement de la chaîne vous avertira que c'est à vous de descendre, et que vous serez libre de me rejoindre.

Et il descendit dans le puits en se *pomoyant* sur les mains avec une adresse et une force admirée de tous ces hommes forts et adroits.

Lorsque la chaîne leur donna le signal, les trois autres Invisibles, Mortimer, San-Lucar et Martial Renaud, prirent le même chemin et disparurent tour à tour, dans l'ordre indiqué par le chef de l'expédition.

Il ne restait plus dans la cour du *Lapin courageux* que le géant et le gamin.

Le géant saisit la chaîne, quand tous ses compagnons eurent rejoint son capitaine.

Mouchette ne le quittait pas des yeux, ne comprenant pas tout d'abord le travail de la Cigale.

Celui-ci, en effet, avait bien saisi la double chaîne, mais au lieu de s'en servir pour descendre, comme il l'avait déjà fait lui-même et comme venaient de s'en servir Passe-Partout et les autres, il la remonta jusqu'à ce que le seau se trouvât au niveau de la margelle.

— De quoi ! mon oncle ? Qu'est-ce que c'est ? Où que nous allons ?

— Attends, répondit le géant. Tu vas voir.

Et laissant l'enfant, il disparut dans l'ombre.

Son absence fut courte.

Il revint, portant d'une main cinq pics en fer, et de l'autre un rouleau de cette corde fine tressée, épaisse comme le petit doigt, d'une solidité à toute épreuve dont on se sert pour la pêche à la baleine.

Les marins la nomment *ligne*.

Cette ligne avait environ deux cents brasses.

La Cigale attacha le tout, ligne et leviers, au-dessous du sceau, et il le fit descendre dans le puits.

— Maintenant, Moumouche, à nous de la danser.

— J'y vais le premier ?

— Non.

— Après toi, vieux, alors.

— Non plus.

— Ensemble, pas vrai ? fit le gamin en riant.

— Ensemble : une, deux, saute, petiot.

Mouchette ne se fit pas répéter l'invitation.

Il prit son élan, et sauta sur les épaules du géant.

— T'es solide ?

— Comme Napoléon sur la colonne.

— *Adieu vat!* cria la Cigale.

Et sur ce *lâchez tout!* maritime, les deux amis disparurent dans les profondeurs ténébreuses du puits, le colosse portant le nain sur ses épaules et se laissant couler le long des deux doubles de la chaîne.

XVII

Où M. Piquoiseux fait un joli plongeon.

Nos six aventureux compagnons partis, descendus dans le puits mitoyen, tout redevint calme et silencieux dans la cour du *Lapin courageux*.

Mais ce silence et cette tranquillité profonde ne durèrent que le temps nécessaire pour constater la disparition des six audacieux membres de la société des Invisibles.

Cette constatation bien faite, une des futailles, rangées le long de la muraille, dont nous avons parlé précédemment, se détacha de la pile et vint rouler jusqu'à l'extrême bord du puits.

Là, il se passa une chose singulière.

Le fond de la futaille se souleva, les douves tombèrent çà et là, de droite et de gauche, et une tête apparut.

Des épaules suivirent la tête.

Puis, le corps tout entier du gracieux Piquoiseux, le secrétaire particulier de M. Jules, sortit vivement, papillon radieux, de cette coque vineuse.

Jeter autour de lui des regards effarés, se frotter les mains de manière à s'en enlever la peau, tout en battant la semelle pour se réchauffer, vu le froid glacial qui continuait à mordre malgré la continuation de cette pluie fine et brumeuse, fut tout un pour le jeune et brillant plumitif.

Ayant rétabli la circulation du sang dans ses membres glacés par une attente aussi pénible que prolongée, Piquoiseux se dit à part lui :

— Hum ! voilà une faction qui peut compter pour toute une campagne ! Si mon général n'est pas content, il n'aura qu'à le dire.

Il se pencha sur le rebord du puits, écouta, et n'entendit rien.

— Les malins ! murmura-t-il, ils ne font pas plus de bruit que des taupes ! Allons ! allons ! j'ai eu un *rude nez* de ne pas faire comme les autres, qui n'ont pas eu la patience d'attendre. Voilà une guérite qui m'aura servi à monter en grade, mieux que toute une batterie d'artillerie. Ah ! futaille, ma mie, ce cher M. Jules donnerait pas mal de *monacos* pour avoir eu l'idée de se servir de toi en guise de paletot. Qui diantre se douterait que tout à l'heure ces beaux messieurs étaient maîtres de la place. Je m'en vais boucher l'ouverture, rompre la chaîne, et... ma foi, non... J'ai bien entendu tout ce qu'ils se disaient. Ils ne reviendront pas sur le *Lapin courageux*. Ils débarqueront à Belleville.... A votre aise, mes bons amis, à votre aise... on se retrouvera.

Et l'homme de confiance de l'ex-agent de la police de sûreté se contenta de démonter la double chaîne, laissant l'orifice du puits ouvert comme devant.

Il travaillait à cette pénible tâche tout en continuant à se tenir le langage suivant :

— Cette fois, les voilà donc *pincés et arquepincés*, ces conspirateurs fantastiques, ces caméléons insaisissables. S'ils s'en tirent, je leur paye des *guignes* en plein mois de février. Ouf, c'est dur, mais ça y est. Voilà mes derrières assurés... Rien à craindre de ce trou béant !

Il fit quelques pas, respirant à pleins poumons et se détirant les bras.

— On en dira ce qu'on voudra, pensait-il, c'est une belle chose que d'avoir des oreilles et de savoir s'en servir. Comment vais-je m'y prendre pour tirer tout le parti possible de ce que je viens de découvrir. Descendre dans ce puits et suivre mes excellents amis, les Invisibles, que nenni ! Ils ne feraient de moi qu'une bouchée. D'ailleurs, en leur coupant la retraite, je me suis enlevé le moyen de les suivre à la piste. Et puis, c'est noir là dedans comme dans un four éteint. Que faire? que faire?

Le secrétaire de M. Jules, tout en réfléchissant, furetait dans les coins et recoins de la cour, pour s'assurer que nul ne l'espionnait, comme il venait d'espionner Passe-Partout et ses compagnons.

Rien ne bougeait.

Il était bien seul.

Il revint au puits, s'assit sur le margelle et demeura quelques instants la tête basse.

En somme, le pauvre diable avait surpris un secret de la dernière importance.

Mais ce secret le brûlait.

Mons Piquoiseux ne se sentait pas de taille à le porter longtemps tout seul.

— Que c'est bête les gens d'esprit! fit-il au bout de ses réflexions. Voilà des hommes, intelligents parmi les plus intelligents, audacieux parmi les plus audacieux, qui se savent traqués comme des bêtes féroces et qui s'amusent à causer de leurs affaires en plein air, en plein...

Il allait dire *en plein soleil*, mais une rafale de pluie glaciale qu'il reçut en plein visage le rappela à la réalité nocturne au milieu de laquelle il pataugeait.

— Je suis idiot! s'écria-t-il tout à coup en se donnant une vigoureuse tape sur le front. Je suis stupide, ma parole d'honneur, plus stupide qu'eux.

Je reste là à réfléchir, au lieu de me remuer, au lieu d'agir. Allons! c'est assez me complaire dans mon triomphe. Je me décarcasse là, depuis dix minutes, pour décider comment je travaillerai pour la plus grande gloire de mon doux patron, quand il m'est si facile de garder dans ma poche tout l'honneur et tout le profit de ma découverte.

Il se leva et quitta la margelle du puits.

— Oui! oui! reprit-il, je n'ai pas besoin de travailler pour le roi de Prusse ou pour M. Jules, ce qui revient exactement au même. Je vais tout bonnement me rendre chez le *quart-d'œil* du quartier. Je lui raconte la chose depuis A jusqu'à Z. A moi les bénéfices de l'affaire. A lui les risques. Quant au patron, eh bien!... quant au patron, je lui dirai que je l'ai cherché partout sans pouvoir mettre la main sur lui, et ma foi, s'il n'est pas content, il se *brossera le ventre*. En voilà un qui ne se gêne pas pour tirer à lui toute la couverture. J'en prends mon coin cette fois. Qu'il s'arrange! C'est ça! Allons chez le **commissaire**. C'est à deux pas. En deux temps, l'affaire se réglera chez lui.

Sa résolution prise, le jeune et prudent Piquoiseux se frotta les mains avec une nouvelle vigueur, et se dirigea, l'œil au guet et une chanson grivoise aux lèvres, vers la porte bâtarde qui donnait entrée dans le rez-de-chaussée du *Lapin courageux*.

Il ouvrit cette porte.

Mais la porte ouverte, M. Piquoiseux, au lieu

d'avancer d'un pas, recula de quatre ou cinq sauts.

Une ombre noire se projetait sur le seuil du cabaret.

Derrière l'ombre il y avait un corps.

Ce corps fit en avant les mêmes mouvements que le secrétaire de l'ex-chef de la police de sûreté venait de faire en arrière.

De cette façon, la distance resta absolument la même entre eux deux.

Le *mouchard* sentit une sueur froide lui monter au front.

Il chercha à voir.

Impossible!

La porte du cabaret venait de se refermer et d'intercepter tout rayon de lumière.

L'ombre avait disparu.

Mais le corps restait, immobile, silencieux, menaçant.

Le secrétaire de M. Jules voulut parler, crier; la voix lui manqua.

Il essaya de reculer pour prendre du terrain, ce fut en vain; il lui sembla que ses pieds venaient subitement de se souder aux pavés fangeux de la cour.

Cela ne dura pas un quart de minute.

Ce quart de minute lui parut éternel.

Durant ce court espace de temps, le malheureux limier de police tourna et retourna toutes les chances qu'il pouvait avoir de sortir de ce pas dangereux.

Il n'en trouva que deux : la force ou la ruse.

La ruse était impossible à employer avec un adversaire muet comme la tombe, impassible comme le tranchant d'un couperet.

La force !... Piquoiseux était jeune, nerveux, agile, mais la tranquillité écrasante du spectre noir qui se tenait devant lui dénotait un mépris profond de ses moyens de défense.

La situation n'était pas tenable pourtant.

Il fallait en sortir à tout prix.

Piquoiseux étendit les bras et ouvrit la bouche.

Le spectre noir lui saisit le poiget, et tout en le regardant à travers les trous de son masque avec des yeux brillants comme ceux d'un tigre, il lui coupa la parole.

— Où vas-tu ? lui demanda-t-il d'une voix sourde et rauque.

— Je... je... Laissez-moi vous dire... répondit le secrétaire de M. Jules qui ne put achever sa phrase.

Sa gorge en feu ne lui permit pas d'exprimer sa pensée.

La terreur lui paralysait la langue.

Piquoiseux n'était pas un lâche, puisqu'il s'était lancé à corps perdu sur une piste qu'il savait parfaitement pouvoir devenir mortelle; mais la surprise, l'isolement, les ténèbres, jusqu'à cette pluie fine et continue qui lui fouettait le visage, tout contribuait à lui enlever son énergie, à le courber jusqu'à terre.

— Aussi lâche que traître! murmura l'inconnu avec une expression de mépris et de dégoût indicible.

Et serrant à le briser le poignet qu'il tenait enchâssé dans sa main droite, il ajouta :

— Réponds, misérable, où vas-tu?

— Je... je m'en vais.

— Où cela?

— Je rentre chez moi, fit M. Piquoiseux, qui battait les champs.

— Tu mens!

— Je vous jure...

Et tout en répondant, le pauvre diable cherchait à se dégager de l'étau qui le retenait prisonnier.

— Tu mens! répéta l'homme masqué. Tu es venu ici, comme un espion avide de nouvelles et de trahisons.

Piquoiseux claquait des dents en se voyant percé à jour de la sorte.

— Tu voulais savoir, continua inexorablement l'inconnu, qui s'érigeait en juge; tu sais.

— Moi... rien du tout... je ne sais rien du tout.

Et il se tordait de terreur et de douleur.

— Tu as voulu voir les Invisibles, tu les as vus.

— Vous vous trompez!

— Tu les as vus, et tu sortais pour les dénoncer, pour les faire poursuivre et saisir.

— Non! non! râla le malheureux, terrifié par tant de lucidité, et qui en vint à croire un moment que l'inconnu faisait partie de la contre-police de M. Jules.

Son adversaire ne donna aucune attention à ses réponses et à ses haut-le-corps, il lui dit de la même voix lente et sourde :

— Quand on exerce le métier qui est le tien, on sait à quoi l'on s'expose en cas de défaite.

— A quoi donc? Je n'ai fait de mal à personne... pas plus qu'à vous.

— Non, mais tu voulais en faire.

Et, maîtrisant facilement Piquoiseux, qui se démenait comme un diable dans un bénitier :

— Tu as joué. Tu as perdu. Sois bon joueur. Paye.

— Payer quoi ?

— L'enjeu de la partie.

— Il va me faire *chanter*, pensa le secrétaire de M. Jules, qui se mit à respirer plus librement. C'est un confrère ! un finaud ! Faudra voir. Et quel est cet enjeu? demanda-t-il d'un ton insouciant.

— Ta peau ! fit tranquillement l'inconnu.

— Hein? quoi? s'écria l'autre en bondissant sur place, retenu qu'il était par une main de fer.

— Ta vie! si tu le préfères.

— Je ne préfère ni l'un ni l'autre, répliqua le malheureux, qui, suivant sa première idée, se disait qu'on l'effrayait d'autant plus qu'on voulait lui vendre plus cher sa liberté et son salut. Voyons, soyez bon garçon, l'ami ! que diantre, nous ne sommes pas des Turcs! nous nous entendrons à demi-mot.

— Que dit-il? murmura l'inconnu.

— Part à deux, hein ? ça va-t-il ? fit Piquoiseux.
L'autre comprit.

Il ne lui répondit rien, mais ses yeux ardents, qui fouillaient les ténèbres, lancèrent un éclair, que le secrétaire de M. Jules crut être de convoitise, quand ce n'était qu'un éclair de colère.

— Vous verrez ! On n'est pas chiche par là-bas. L'affaire est *grasse*. Il y aura de quoi boire et de quoi manger pour deux.

L'inconnu lui lâcha le bras.

Piquoisieux se crut victorieux et libre.

— Misérable humanité! pensa tout haut l'inconnu. Voici un gueux qui nous juge tous sur son patron, qui nous rabaisse tous à sa taille.

Le limier de M. Jules vit qu'il avait fait fausse route.

Son premier soin fut d'essayer de se mettre hors de la portée de la rude poigne qui venait de le laisser aller.

Soin inutile.

L'inconnu ne se donna pas la peine de le poursuivre, cette fois.

Il se contenta de lui crier : Arrête?

Piquoiseux s'arrêta, voyant la gueule béante d'un canon de pistolet braquée à hauteur de ses deux yeux.

Il se retourna, mais ce ne fut plus en suppliant.

Lui aussi, il était armé.

Lui aussi, il portait un arsenal complet.

D'une main, M. Piquoiseux tenait un casse-tête, sorte de courte baleine entrelacée avec un nerf de bœuf et se terminant par une lourde boule de plomb.

Dans l'autre se trouvait un revolver à quatre coups.

L'inconnu, qui voyait dans les ténèbres aussi bien qu'en pleine lumière, laissa échapper un éclat de rire sardonique.

Cet éclat de rire alla droit au cœur du jeune et beau Piquoiseux, qui, tout en conservant ses distances et en se tenant sur ses gardes, essaya de capituler honorablement, ce qui, pour lui, signifiait à bon marché.

— Voyons, l'ami, fit-il d'une voix à moitié résolue, en définitive et plaisanterie à part, qu'est-ce que vous demandez?

— Je te l'ai dit : ta vie.

— Sérieusement?

— Oui.

— C'est trop cher. Il faut changer votre prix.

— Si tu sais une prière, fais-la.

— Une prière? ricana Piquoiseux, qui, à tout prendre, mis en demeure de défendre ses jours, avait retrouvé le courage instinctif de la brute. Je chercherai. Laissez-moi le temps d'en apprendre une, mon brave homme.

— Tu as cinq minutes, riposta l'impassible inconnu.

— Je demande cinq ans.

— Tu as cinq minutes, répéta l'autre, qui tira une montre de sa poche et y regarda l'heure, sans se préoccuper de l'arme qui lui menaçait la poitrine.

Ce sang-froid imposa à Piquoiseux, et l'exaspéra en même temps.

Il perdit l'accentuation à peu près bourgeoise, convenable, dont il se servait ordinairement, pour prendre une de ces voix éraillées et communes qui ne se rencontrent que dans les bouges les plus infects ou aux heures de révolutions souterraines.

— Ah çà! hurla-t-il, moitié rage, moitié peur; ah çà! vous n'allez pas longtemps *me la faire*. J'en ai assez. Laissez-moi passer, ou nom de nom, je vous campe une *prune* dans la cervelle.

— Plus que quatre minutes! répondit l'inconnu. Priez!

— Otez-vous de devant la porte! fit Piquoiseux en s'avançant vers son adversaire, qui ne broncha pas.

Les deux hommes ne se trouvaient qu'à peu de distance l'un de l'autre.

Tout coup de feu pouvait être mortel.

Mais la main de l'inconnu était aussi ferme que sa résolution paraissait immuable.

L'arme qui se trouvait au bout du poignet de M. Piquoiseux dansait une sarabande indigne d'un homme d'action.

Mais, nous l'avons déjà dit, le secrétaire de l'ex-chef de la police de sûreté était un homme de plume, bon tout au plus à trôner dans son bureau grillé entouré de serge verte.

La quantité de balles qu'il avait à tirer ne valait probablement pas la qualité de la seule qui se trouvait au fond du canon de pistolet braqué sur lui par le spectre au loup noir.

Le *mouchard* sentit sa faiblesse.

Il essaya encore de la douceur.

— Voyons, une dernière fois, laissez-moi passer. Je m'engage sur l'honneur à ne souffler mot à âme qui vive de ce que j'ai découvert cette nuit.

— Plus que trois minutes! Priez!

En entendant les accents impitoyables de cette voix qui retentissait à son oreille comme le glas de ses funérailles, le misérable sentit toutes mauvaises passions lui monter au cerveau. A la terreur succéda une rage folle.

Cet homme, qui sur un mot de l'autre se fût roulé à ses pieds en le remerciant de lui donner la vie, et qui lui eût fait les protestations les plus viles, après lui avoir adressé les prières les plus basses, cet homme se changea en bête fauve.

Il vit rouge.

Il comprit que nulle chance ne lui restait

d'attendrir ce spectre terrible qui le fascinait.

Sa dernière heure était bien sonnée, à moins d'un prodige de bravoure.

Ce prodige, la peur le poussa à l'accomplir.

— Plus que deux minutes! Priez! répétait la voix sombre.

Piquoiseux prit son courage ou plutôt sa terreur à deux mains, et, grommelant entre ses dents :

— Mieux vaut tuer le diable que se laisser tuer par lui!

De nouveau il se précipita vers son adversaire, son casse-tête levé.

Un coup de feu retentit.

La main qui tenait le casse-tête retomba inerte le long du corps du secrétaire de M. Jules.

— Démon! rugit-il; je t'échapperai quand même.

Et il fit feu; successivement, les quatre canons de son revolver vomirent leur projectile de plomb contre l'inconnu.

Il ne bougea pas plus que si M. Piquoiseux se fût amusé à tirer sa poudre aux moineaux.

— Plus qu'une minute! Priez.

Le malheureux espion, blessé, désarmé, se vit perdu.

Son arme, inutile désormais, lui échappa.

Il tomba à genoux.

Ce fut un singulier et terrible spectacle que celui de ces deux hommes, dont l'un, juge et bourreau, vidait le sablier de l'existence de l'autre, qui se sentait irrémissiblement condamné.

Il le sentait si bien, qu'il n'essaya même pas une dernière fois d'apitoyer son adversaire.

Ses yeux hagards regardaient autour de lui, sans voir.

Deux ou trois râles d'angoisse se firent jour à travers ses lèvres convulsivement serrées.

On eût dit que cet impie, qui venait de railler la prière, cherchait à prier.

Le misérable ne priait pas, et pourtant ce mot seul s'échappait de sa bouche :

— Mon Dieu !

Mais ce mot, ce n'était ni le repentir ni la foi qui le lui inspiraient.

C'était la peur, la hideuse et ignoble peur, mère de la lâcheté.

Piquoiseux venait d'user toute son énergie dans le dernier effort de sa résistance.

Il attendait que l'inconnu parlât une dernière fois, sans savoir ce qu'il attendait.

— C'est l'heure ! dit le spectre noir.

Alors s'avançant à pas lents vers le malheureux qui n'avait plus conscience de ce qu'il voyait, le juge, l'exécuteur saisit le coupable, le condamné, par les hanches, le souleva d'un effort puissant, le traîna jusqu'au puits, et disant :

— Meurs, traître !

Et il le précipita la tête la première au fond du gouffre.

Le bruit mat d'un corps tombant sur la pierre humide se fit entendre.

Puis, plus rien.

Alors, le juge, l'exécuteur, l'inconnu, qui jusque-là n'avait donné aucun signe de souffrance, ni de faiblesse, chancela, fut obligé de s'accrocher des deux mains à la margelle du puits.

Puis, il roula évanoui sur le sol.

Son sang coulait abondamment de quatre blessures.

Ces quatre blessures lui avaient été faites par les coups de feu de M. Piquoiseux.

Mais le juge, l'exécuteur, l'inconnu, le membre de l'association des Invisibles n'était tombé, que sa tâche accomplie, que ses ordres exécutés.

TABLE

   I. — Où Charbonneau veut faire oublier Coquillard..   1
  II. — De Charybde en Scylla.......................   17
 III. — M. Benjamin................................   43
  IV. — Après la lionne, la gazelle..................   67
   V. — Journal d'une jeune fille. — Un ménage parisien.   81
  VI. — Journal d'une jeune fille (suite). — Débuts de Kirschmark dans la banque................   101
 VII. — La piste de M. Jules.......................   117
VIII. — La contre-piste de Rifflard..................   139
  IX. — Où M. Jules n'y est plus du tout.............   157
   X. — Où Rifflard soulève son masque..............   183
  XI. — Un amour vrai.............................   203
 XII. — En plein Paris, pleine Bretagne..............   223
XIII. — Au Lapin courageux........................   243
 XIV. — Où la comtesse de Casa-Real ne sait plus distinguer le bleu du noir......................   301
  XV. — Où l'affût tourne mal pour les chasseurs......   321
 XVI. — Un mur mitoyen............................   339
XVII. — Où M. Piquoiseux fait un joli plongeon.......   363

www.ingramcontent.com/pod-product-compliance
Lightning Source LLC
Chambersburg PA
CBHW070446170426
43201CB00010B/1238